Dä Beernboom

Reime und Törns in Plattdütsch

Hermann Marschewski

Dä Beernboom
Hermann Marschewski
ut Fallersleben
Gärtnermeister, Naturfreund, Mundartdichter
1904-1982

Mit Radierungen von Ellen Kresky geb. Marschewski
Un der Mitarbeit von Elizabeth Czogalla, Wolfsburg
© 2007
ISBN 978-3-929359-18-3

Radierungen als Originale und
verschiedene Motive auch als farbige Kunstkarten erhältlich.
www.kresky.de

Zum 25. Todesjahr
meines Vaters

Ellen

Muddersprak, wie schön bist du,
so leiw, so warm, so ehrlich, so tru,
wat ik durch dik besetten.
Du wörst forr mik tau jeder Tied
mien beste Fründ an miener Siet,
nie will ik dat vergetten.

„Alte Eiche" Radierung von Ellen Kresky

Vorwort

Lat mik vorrwegen en betten persönlichet uteseggen, damidde wie uns nich mehr sau fremd sünd.

Veelen Läsern bin ik schon seit Jahren bekannt. Ein Deil davon sind gue, ole Bekannte; manch' einer ok mehr wie dat.

Wer — wie ik — veel umher e koomen is, an Umgang mit Minschen gewöhnt is, ob beruflich oder privat, dä hat underscheiden e lehrt, wat Schien un Sien bedüen deit.

Als ik mienen Wej alleene gahn moßte, da hat miene Mudder mik oppen Weg middegeben: Junge, bliew immer tru un wahr, dat annere kümmt von sülms geloopen. Ick hebbe mik, so gut et ging, danah utericht't. Nich immer bin ik gut damidde e' feuert, awer am Enne gaff dä Gewinn Muddern recht. Däjenigen, dä immer im Affsiets, im Schatten vonne andern gahn un leben moßten, weil se materiell un anders nich middedanzen konnen, dä sünd tau jeder Tied miene besten Frünne un Kameraden e west.

Als ik taur Schaule ding, da gaff et noch dän Kaiser Wilhelm in Berlin. Siene Anwäsenheit hat grooten Influß damals op dä Erziehung von dä Kinder uteübet. Ob inne Kerke, Schaule oder inne Familie — dä Kaiser was allgejenwärtig.

Awer inne Schaule regiere dä Rohrstock. Damidde avancieren dä Lehrer tau Respektspersonen und wat dä under Respekt vorstunden, dat hätt se oppe Hinderdeile von üsch Kinder owerdragen.

Dat — so will ich geern taugeben — kann ik ut Erfahrung berichten. Wat son Enne Rohrstock an Disziplin, an Moral un geistigem Anreiz an- un utrichten kann, dat hätt Generationen tau öhrem Vorrdeil erfahren. Ik woll, et gaiwe dän ehrwürdigen Rohrstock noch inne Schaulen! Wenn hütigen Dages en Lehrer riskieren söll, ne Ohrfeige tau servieren, dä arme Keerl mößte um siene Stellung un Sicherheit bangen.

Na miene Schaultied woll ik geerne Föster weern. Et word awer nist da ute, weil dä Forstschaulen owerfüllt waren, uterdem Föstersöhne un ok dä ut dä Ostgebiete verdrebenen Föster bevorzugt wurden.

Um midde Natur verbunnen tau bliewen, ergrepp ik dän Gärtnerberuf. Na miene Lehrtied hebbe ik nejjen Jahre als Gehilfe in verschiedenen Betrieben in Dütschland miene Pflicht e dahn. 1928/29 hebbe ik denn — op Vaders Kosten — ne Lehranstalt in Oberschlesien besocht.

Wer sik noch anne twintiger Jahre erinnern kann, dä erinnert sik an eine traurige Tied. Ower sess Millionen Arbeitslose. Not und Dood grassieren inne Familien. Inflation — Streiks — bläuige Opstänne — Straatenschlachten — Parteienklamauk (wie hüte wedder) waren anne Dagesordnung. Sess bet acht Mark Stempelgeld gaff et pro Woche. Un hüte? Um im Beruf tau blieben, nich op Stempelgeld annewiesen tau sien, hebbe ik forr vierzig, denn forr fuffzig Mark im Monat e arbeit. Wenn ik dat hüte einem vertellen daue, dä kann dat nich glöben. Gesetzliche Tariflöhne, Urlaub, Achtstunnendag, dat was damals tabu.

Dä groote Wenne kamm na 1933. Ok ik hebbe davonne profitiert. In dän wennijen Jahren bet taum Kriegsutbruch herre ik einen Garengestaltungsbetrieb oppebuet, dä sik seihn laten konn, so ok in Neddersachsen einen Namen herre.

Soldatentied, fief Jahre Gefangenschaft — ik bin erst 1949 inne Heimat entlaten worren — brochten sware Bürden. Betrieb, mit umfangriekem Material un veelet andere noch, waren nich mehr, waren kaputt.

Twei Jahre hat et e durt, eh ik mik tau einem nien Start opraffen konn. Gue, ole Frünne, gue Referenzen un ein verständnisvuller Bankdirektor het mik e hulpen, en nien Opbu in Gang tau setten. Mit veel Fliet un Spaas am Beruf, awer ok mit Sorjen un slaplosen Nächten, hebbe ik ower twintij Jahre wedder mit Erfolg e wirket.

Wenn ik hüte in Gedanken dän langen Wejj owerdenke, denn is et ein einziger Arbeitsgang e west mit allem, wat datau gehört. Woll ik dat, wat ik damidde meine, im einzelnen schildern, würde dat en dicket Bauk utmaken.

Nun, da dä Wejj tau Enne gahn is, ehrgeiziget Streben un Erleben vergahner Jahre nur noch ute Ferne winket un sik in Erinnerung bringet, hat Inkehr, Rauh und Besinnung dän anderen Alldag mik e schenket. Jetzt hebbe ik Tied, um mit Glieksgesinnten in usem Herrgott sienem grooten Garen spazieren tau gahn; mit Minschen tau deilen un tau geben, dä sik noch freuen künnt an Natur un Kreatur; dä noch wett' un daran festholt, wat Traditschon bedüen deiht, sei häget un pfläget. Dä aflehnt, wat niedmodische Kultur obertünchet, artfremd un verlogen is, awer öhre Heimat un dat Vaderland tau lieben un tau ehren noch eine heilige Verpflichtung bedüen deit.

Lat mik taur Sache un Utsage dat affslutend utführen, wat use grote Dichter un Heimatfründ einst hinderlaten hat:

> Owerall is Heimat,
> doch eine giwt et nur,
> wie is dä Wald da anders,
> wie anders Feld un Flur.

Dä Reje na

Dä Humoristischen

Dä Beernboom	11
Afwäjen	12
Dä Fru am Graff	13
Dat wörr doch watt	15
Dä Tähnweihplage	16
Dat Blaue	17
Dat mot nich sien	18
Demokratie	20
Dä Swager	21
Friedchen	22
Fietje Hein	23
Geiht ok ohne	24
Fieken	25
Gedanken ober Sünnen	26
Geirrt	27
Hanne	28
Hei hat wat	29
Herrgotts Kinner	31
Hartenswärme	32
Wiehnachtsmann	33
In Schummern	35
Katenglück	36
Slaplied	38
Liefweih	40
Mudder will verreisen	42
Karl Johann	43
Op einen Bein	45
Mien lütt Jehann	46
Snieder Henkel	47
Smöken	48
Schauster Vogt	51
So watt	52
Dä Spuuk	53
Tragödie in Heuhnerhoff	54

Tau Pingsten 57
Son Drachen 58

Dä Besinnlichen

Alleen 60
Ahnengabe 62
Aber weenen saste nich. 64
Anne Johanna 65
Damals 66
Dä Wind 68
Dat Jahr nimmt Abschied 71
Dä Droom vom Tuun 72
Dat schöne Jahr 73
Dä ole Uhr 75
Dat Möllnrad 76
Dä Mann im Maan 79
Einen Sommer lang 81
Hartensnot 83
Im Sturm 84
Kamm nich wedder 85
Hein Steen 87
Jung was ik, jung — 88
Oma vertellt 90
Eia, popeia, popei 91
Mien Caro 92
Dä Tied 94
Namenlos 95
Susann 97
Stine Suhr 99
Tau Enne 101
Noch nich 102
Treue 103
Twölf Jahre old ward mien Deern 104
Un alles dat is mien 107
Katrin 108
Weegenlied 109
Use Stadt 110
Vorrharwest 111
Verlaten 112

Dä Vertellten

Alma Pieper	115
Alma Peters	118
Bus 33	120
Dat Gespräch	122
Dä Owerraschung	124
Dä Wedde	128
Gespräch inne Veihdrifft	130
Dä Verwesselung	132
Ernst Meineke	133
Fritze	138
Karrel	141
Opa Keunecke	143
Oma Keunecke	145
Öfter löppt einem dat Glücke hinderher	147
Oma Witte	150
Paule	155
Paule	157
Dürrjahn	158

„Stilleben mit Blumen" Radierung von Ellen Kresky

Dä Beernboom

Dä Beernboom gräunt
wie alle Jahr
im Garen hindern Tun.
Ganz boben singt so schön dä Star
will woll sien Nest schon buen.

Dä Beernboom blaumt,
dat is wien Droom,
wien Hochtiedskleed sieht't ut.
Dat summt un piept im Beerenboom,
dä Star flüggt rin un rut.

Dä Beerboom dröggt sien seute Last;
ik plück mit miene Hänne
dä riepen Beern von Twieg un Ast,
so geiht dä Droom tau Enne.

Dä Beernboom slöppt,
deit kahl nun stahn,
dat Starenhus is leer.
So wird dat Jahr tau Enne gahn
un kümmt nich wedder her.

Afwäjen

Ik meine, Du sösst et nochmal owerlejjen,
hast ja noch en bettjen Tied.
Du bruukst ja hüte noch nich „Ja" tau seggen,
bet Pingsten henne is't noch wiet.
Ik segg — un Mudder hat et ok e seggt —
wie sölln tau dritt nochmal borahn,
dat Mäken is an sik nich slecht,
et mößt taun Schluß doch gut utgahn.
Dat betten Stupsnäs un dä breie Mund,
dat lett sik owerseihn;
dä Hauptsach is, sei is gesund,
is tru un immer stubenrein.
Dat dä Feut tau groot gerahn,
dä Ohren groot un rot,
wie Öldern meint: et mößte gahn,
dat wörr nich Not un Doot.
Dä Tähne, dä im Munne fählt,
dä hat se woll vergetten,
dä Tähnebräker Jochen Mähl,
dä kann se ja ersetten.
Watt sonst noch is, is nich sau gut,
wie Du et dik hast dacht,
dat driwst Du öhr bie Tien e rut
un veel deckt tau dä Nacht.
Wäj aff, watt beide Deil dik weert,
watt am besten dik gefällt,
dä Frue, dä häus'lich eig'ne Herd,
en Huus mit Garn un datau Geld.
Wenn sei dat arwet, wird't ok Dien,
denn lohn't sik, tahlt sik ut dat Frien.

Dä Fru am Graff

Oppem Kerkhoff stund 'ne Fru un ween.
Sei stund for einem noch recht frischen Graff
un wische mit'n witten Dauk dä Tränen aff.
So geiht et, dacht ik, wenn Ein vom Annern geiht,
wenn man mit einmal ganz alleene steiht.
Wenn ut is, wat sau veele Jahre möglich wör
un eines Dages dröggt man't rut taur Dör.
So is dat — dacht ik — wenn twei Minschen Jahr um Jahr
schafft un deilt hett alles wat mal war.
Un nu, wenn ruut man is ut Sorjen un ut Not
kloppt nachts an't Fenster dä koole, witte Dood.
So hat et woll ok jünne Fru e' gahn
dä ik alleene sach am Grabe stahn.
Sei det mik leid, ik konn se ja so gut verstahn
un könn nich anders, ik moßt tau öhr gahn.
„Leiwe Fru", sä ik, „mik geiht't gewiß nist an,
is dä, dä da unde liet öhr leiwe Mann?
Is dä Dood ganz plötzlich ower Nacht e koomen
un hat Sei dän Leiwsten wejjenoomen?"
Sei sä nist, stund starr un deip dän Kopp e senkt,
wie'n Minsch, dä sik in't Jensiets deip herinner denkt.
As ik noch fraug, wie't nun woll wiedergahen mag,
da kikt dä Fru mik tünschen an, ik kreeg en Slag.
Sei bölke los: „Wat geiht denn Sei dat alles an?
Dä da unde liet, is nich mien Mann.
Ik woll — dat Beist — hei läge hier
un nich mien Harras, dat true Dier.
Wenn dä hier läg — dat Scheusal — mik wär't recht,
dä Suupbold dä, datau sau falsch un slecht.
Mien Gott, ik kann't un kann't nich faaten.
Nun schäern sik wejj, söllt mik in Ruhe laaten."
Ik sleek mik wejj, ik wett nich, wie mik wör,
ging oppgerägt henn nah dä Ingangsdör.
Blew butten noch 'ne Wiele stahn, da kamm en Mann,
man sach dat krank hei was 'ne schon von wieten an.

„Einsamer Baum" Tuschezeichnung von Ellen Kresky

Dä ging nu henn taur Fru am Graff,
hei sprook mit öhr un haal se af.
Wie nahher beid' an mik vorrober gingen,
moßt denken ik: Du arme Keerl, wann wird man dik woll
                                            hierher bringen?
An öhre Siet — hei hol kuum Schritt —
da ging kein Scheusal, Suuput oder Drache mit.
Koppschüttelnd blew ik noch 'ne Wiele stahn! —
Dä Keerl hat mik unendlich leid e dahn.

Dat wörr doch watt

Dat is grad so, as wörr da watt,
wat ein'm dä Kehl taudrücken möcht.
Dat kein Erbarmen kennt, kein't hat,
nah Utweg un nah Hülpe söcht.

Dat is grad so, as ging tau Enne
wat bet dahenn dat Leiwste wör,
as gletten aff twei koole Hänne
un slooten hinder sik dä Dör.

Dat is, as op dä Tied blew stahn —
un allet wat mal wör
is midde op dä Reise gahn —
un kümmt nie wedder her.

Geiht mal dat Licht im Düstern ut,
dä Uhr bliwt plötzlich stahn,
lang wörr dä Weg, war slecht — war gut —
hei is tau Enne gahn.

Dä Tähnweihplage

Ne groote Qual un eine Deubelsplage
sind für dän, dä se hat, dä Tähnweidaage.
Dä könnt en Minschen taur Verzweiflung bringen;
Vader Holk könn davon grausige Lieder singen.
Da helpet kein Umslag, keine Pillen,
keine Warmflasch, um dä Pein tau stillen.
Ok Konjak, wo tau en Fründ det rahn,
herr inne and're Richtung siene Wirkung 'dahn.
Twei Daag lang zwar herr Holks Vader Rauh,
denn twei Daag lang was hei Konjakeblau.
Dä Folge davon was ne Schieterie
dä Dokters nennt dat „Afterkallopseri".
Un slimmer nun wie vor'n paar Daagen,
moßt Vader Holk dä Pein erdragen.
Frünne, Fru un Kinner den öhn rahn,
hei söll nah'n Tänebräker gahn.
Ik gah dahenn, dat is gewiß,
nur ging hei nich, denn hei herr Schiss.
Vor'n Tänebräkers siene Dör hat hei schon stahn,
doch was ruck zuck dä Plag vergahn.
Bet eines Dages wast sau wiet,
da kamm so um dä Middagstied
taur Dör herin dä Händler Mann
un hör sik Holks Gejammer an,
bekeek dän Tähn in Holkes Mund
un sä: „Bereits schon typisch Leichengrund.
Dat Unnerdeil schon grabesrot,
twei Daag noch so, denn sünd se doot".
Blaß lehn Holks Vader anne Wand,
sach ut, als käm hei schon ut jenet Land
wo't keine Tähneweidaage giwt,
dä letzte Seufzer inne Kähle stecken bliwt.
Anne Dörklink knote Händler Mann
ein Enn vom Band fachmännisch an,
dat annere um Holkens Vaders Tän:
„Muul op – wie't maakt en Dier biem Gähn'.

Ik tocke nur am Band denn mal
un dik vergeiht dabie dien Qual".
Holks Vader herr alles um sik rum vergetten,
da word' dä Dör sturmgewaltig opperetten.
Dä kranke Tähn, im grooten Bogen,
am Banne noch, kamm angeflogen
un klackse anne Obenwand,
bewußtlos lagg Holks Vader oppe Bank
un bleew am Leben, — Gott sei Dank!

Dat Blaue

Dat Schönste hat hei for mik utesocht
un Heiligabend hat hei't denne brocht,
dat Blaue, mit dä Spitzenmanschetten.
Dä Blaumen, dä hei oppesticket,
dä sünd öhn nich so recht e glücket,
dat könn hei ok genau nich wetten.
Ick treck et nur det Sönndags an
un denne noch, wenn dann un wann
besonders is wat los e west;
wenn Vader, Mudder Geburtstag fiert,
dä Nawers koomt un gratuliert
un ok taun Kinderschützenfest.
Ik bin schon nachts mal oppestahn,
bin henn an't Kleederschapp e gahn
un hebbe't Blaue lange streichelt.
Wennt ok mit mik nich spräken kann,
ik heww et spört — ik sacht öhr an,
et feuhle sik von mik geschmeichelt.
Un ik erst! Denn in'n nächsten Daagen,
mott ik Emma Schulzens Schleier dragen,
wat mit Lampen Ernst denn Hochtied hat.
Ik un mien Blauet, sonne Ehre, —
wenn't doch bloß erst sowiet wäre.

Dat mot nich sien

Im Garn, dä im Lenz bestellt,
was ok en breiet Gurkenfeld.
Daneben deen Tomaten stahn.
Dä Dau, dä Räjen, Sunnenpracht
spendeeren Nahrung, gaben Kraft,
so moßte Beides gut gerahn.
So wast denn ok — man sach et scheiten —
man hulp noch nah mit Düngen, Geiten,
mit Eere lockern, Unkrut zuppen.
Dat Gurkenloow wuss krüz und quer.
Ok dä Tomaten streben höjjer,
sach ut, as wuss et inne Puppen.
Nich lange duur't dä erste Prowe
lagg versteckt im gräunen Loowe,
dä wie're Ansatz was erfreulich.
Doch wie't im Leben meistens geiht,
dat Böse glieks biem Guen steiht.
So war't ok hier — abscheulich!
Dä Gurken, runzlig von Gestalt
verkroopen sik im Blädderwald,
trotzdem — sei protzen mächtig.
Dat störe dä Tomaten sehr,
sei protzten, prahlten umsaumehr,
ok dat was unfair, nedderträglich.
Wohenn dat führt, so wast schon immer,
man maakt, wat slimm is, umso slimmer.
Ärjer ändert dä Gestalt, vermindert Anseihn und Gehalt.
Dä Sommer neije sik däm Enne,
in Kruut un Loow da greppen Hänne,
dä plücken Gurken un Tomaten.

Mit Essig, Pepper, Dill un Solt,
mit Messer un mit Schabeholt
snetten se Beide tau Salaten.
So end't, wenn bieenander steiht
Vernunft, Verstand taum Deibel geiht,
wat doch so schön könn sien op Eer,
wenn ein un annere einig wör.
Wenn Ein dem Andern gönn dat Licht
un deile geern — dat giwt et leider nicht.

Demokratie

Schulten Buhr und Jochen Rahn
deen tau ner Versammlung gahn,
dä ansett' wör im blauen Hecht.
Dat Thema heite Demokratie,
im Geiste un Sinn der Philesophie,
im sozialen, freiheitlichen Recht.
Dä Redner was von jünner Sorte,
dä mit Geesten siene Worte
det indrucksvull dä Lüe servieren.
Hei offeriere Marxens Theorie:
dä Grundidee wör aller Demokratie,
oberliefert vonne griechischen Philesophie.

Hinderher fraug Jochen Rahn
dän Schultenbuhr — op hei verstahn,
wat dä Redner meint hat midde Demokratie?
Wedste, Jochen, so ganz genau
word' ik ut siene Wör' nich schlau,
vorr all'm datt nich, von datt Wiew Sophie,
wie hei datt meint midde Demokratie
in Verbindung midde Viehsophie
un Marxen siene Theorie.
Is dat dä Frue, dä damals schon was pornogriert
un hat mit Karl Marxen utprobiert,
wat hüte bie uns däglich illustriert?

Ik dü et so, sejjt Jochen Rahn,
un mein, ik herr et recht verstahn,
dat jünne Frue, dä Viehsophie
vorr dusend Jahren schon was emanzipiert,
in wille Eh' lewt hat, dä Pille inneführt,
dä Nation dadorch hat dezermiert.
Et was nist Niet, wat dä Redner präsentiert,
watt in Athen vorr dusend Jahren schon passiert,
is von use Demokraten owernoomen.
Anne Supersoziologie, sejjt Jochen Rahn
is Griechenland demokratisch undergahn
un datt ward bie uns ok so koomen.

Dä Swager

Helmbrechts Swager wörr Aftheker
in use lüttje, ole Stadt.
Von Bandworm, Koppweih, Zickenpeter,
Schieterie und Blautdruckmäter
da verstund dä Swager wat.
Ok gejen Rheumaplag un Wunnenbrand,
Sweetfaut, Pickeln, Grind und Grand
herr dä Swager inne Kasten,
Dosen, Flaschen, Tuben, Pasten,
Pillen, Pulver, Crems und Tee
wat dä Kranken helpen de.
Doch et geiht ok mal danäben,
Paster Helms herr et am Magen —
dem hat hei 'nen Tee e geben,
dän sien Magen nich verdragen.
Twei Dag lang hat hei dän 'soopen,
dat giftgallig Dübelskrut.
Twei Daag most dä Paster loopen,
denn wörr dä Galle hinnen rut.
Wat nich tau einem Paster paßt,
na weltliche Manieren rucket,
dat hei seitdem dän Swager haßt,
am leiwsten herr 'ne annespucket.

Friedchen

Peter geiht nah sien Swester hen
un stellt sik op dä Bank.
Segg, Friedchen doch, wat haste denn,
Du bist doch woll nich krank?

Friedchen, ween doch nich sau lut,
wutte Zucker kaun?
Sall ik bie Mamme inne Kök
for Dik mal'n betten klaun?

Sall ik Dik mien Karnickel hal'n,
dat swarte, mit den Steert?
Oder wutt Du Maxe hemm,
mien niet Schaukelperd?

Oder wutte Pappen siene
lange, bunte Piep?
Appel kannste noch nich kaun,
dä sünd noch lang nich riep.

Sall ik Honnig in dien Nuckel smärn
oder maken wie dä Swien?
Du hörst dat immer doch sau geern!
Hör endlich up tau schrien! —

Kiek! Jetzt gah ik henn an't Schapp,
hal da en Dauk e'rut;
ik wische Diene Tränen af
un ok Dien seute Snut.

Fietje Hein

Fietje Hein, dä Koppelknecht
is en wahren Sünder;
lüjjt wahrhaft'gen Gott nich slecht,
supt wie'n Bessenbinder.

Immer is hei irgendwer,
lett sik niemals lumpen,
immer nobler, groter Herr
wenn annere öhn wat pumpen.

Schörtenjäger in angro
doch öhn mag nich een,
darum slöppt hei meist im Stroh
mit sienem Rausch alleen.

Owerall is hei tau Huus,
lett sik häuslich nedder,
flüggt hei hier un da mal rut,
Fietje kummt stets wedder.

Fietje Hein, dä Koppelknecht,
smort längst in Deiwels Brühe,
dat geschah däm Sünder recht,
schimpten ok dä Lüe.

Lett hüte sik son Stoppelknecht,
son Galgenstrick, mal wedder seihn,
denn hett et gliek: dä lüjjt nich slecht,
dä Brauder ist von Fietje Hein.

Geiht ok ohne

Friedchen seggt tau Hein, däm Knecht:
Gott, wat sünd dä Männer slecht,
lieber mal nich frien.
Wunder wat se hett un sünd,
wat se alles maken künnt,
nä, mach keen ein lien.

Man süht ja, wie et meistens geiht,
ne korte Tied, denn sünd set leid,
dat se sik e friet.
Hei fängt denn dat supen an,
sei schafft sik en annern an,
sau geiht et meiste Tied.

Nee, son Keerl for alle Dage
dat is ne wahre Qual und Plage,
kann ok ohne gahn.
Dat sau dumm dä Mäkens sünd,
sau dull nah'n Mann, als wärn se blind,
kann ik nich verstahn.

Friedchen seggt tau Hein, dän Knecht,
alle sünd se ja nich slecht,
manchmal hatten Glück.
Söll ik doch mal einen frien,
denn mut wie Du et einer sien,
Hein, denn frie ik Dik.

Fieken

Mien Gott, wat hast Du schick Dik maakt,
wat issen los, lütt Fieken?
Dat bunte, schöne Blaumenkleed,
dä blanken Schauh, dä Kett datau –
kumm, laat Dik mal bekieken.
Dreih Dik mal um, gut sühste ut,
grad so, wie eine hübsche Brut
mien leiwet, seutet Fieken.
Selig hör lütt Fieken tau,
keek runder op dä blanken Schauh
un seggt: Mot ja mal sien,
in Oma un in Opas Schün,
da sall nahher dä Hochtied sien,
will Michels Hein mik frien.
Mudder hat 'nen Kranz e bunn'
un Oma hat 'nen Schleier funn'
dän bind se mik in't Haar.
Anna Peters sall ne dragen,
so, wie in vagangenen Dagen
taur Omas Hochtied ok mal war.
Lieschen Meyer, Grete Dreyer
un Hein sien Fründ – dä Jahn –
dä fiert mit uns un schenkt uns wat,
dä hätt we innelan.
Du leiwe Tied, wat hör ik da?
Dat is ja nich tau faaten! –
Veel Glück un Sunnenschien dabie;
nun gah man ielig hen un frie!
Koom ik nahher bie jüch vorbie,
will ik mik seihen laaten.
Kümmst du vorbie, moßte dran denken,
Hochtiedslüe laat sik geerne wat schenken! –

Gedanken ober Sünnen

Alma Alpers hat e sungen
inne Sankt Stephanikerke
tau ehren Gott un siene Werke,
siene Güte, siene Stärke.
Alma sung mit Engelstungen.

Beglückt, entrückt von öhrem Sang,
dä froh un frie ut öhre Seele drang,
dä owertügend all verkünnen
groot un gnädig is use Gott,
hei vergifft uns use Sünnen.

Man mott siene Sünnen nur bekennen,
reumütig se däm Paster nennen.
Leggt man 'nen Geldschein noch dabie,
denn seggt hei: In Gottes Namen — Amen!
Du geihst ruter un bist sünnenfrie.

So einfach is dat?, seggt Jochen Huth,
man kört sik mit'm Paster ut,
vertellt öhm, wat man utefräten,
danah, ob groot, ob halwsauslimm de Sünnen war'n
deiht hei dän Beichtbetrag bemäten?

Trotzdem, seggt owerleggend Jochen Huth,
dat is woll allet schön un gut. —
Deet ik däm Paster all mien Sünn bekennen,
dä Reeje nah sei öhm benennen,
ik käme naakich wedder rut.

Ik will mien Sünne nich verköpen,
veel lieber dau ik se versöpen
im Herrgottswien biem Lindenwirt.
Watt wörr dat vor en Hunneleben,
deet et nich ok dä Sünnen geben.

Geirrt

Ein Brummer, dä verliebe sik
in eine groote Spinne.
Dä Spinne mocht dän Brummer nich,
schon gar nich sien dick Angesicht —
nist war na öhrem Sinne.
Dä Brummer drew en dullet Speel,
hei summe, brumme mit Gefühl
in allen Tönen recht fidèl.
Hei swärme, lärme wie'n Lakai,
dat Gejendeil betwecke hei
bie siener holden Schönen.
Dä nämlich spunn en Netz ganz fien
un fung damid' dän Brummer in —
jetzt satt hei umspunnen.
„So!" sä dä Spinne, „geiler Tropp",
bett ön af dän dicken Kopp,
„dat ward dik langen".
So geiht et, wenn man swärmt un girrt,
Phantome jöjjt, dat Hirn verwirrt,
verlüsst dän Kopp datau.
Behol dän Kopp, klaren Verstand
un laat, wat sülms nich tau dik fand,
recht schön in Rauh.

Hanne

Use Hanne is sau krank,
kann nun schon drei Dage lang
keinen Happen äten.
Doktor Lüders moßte komen,
hat ne Probe Blaut e nomen,
moßte Fieber mäten.

Honnig un dä seute Melk
hat se anne Siete stellt,
nist davon e getten.
Von öhr Pupp, dat Bauk so bunt,
un von Felix, öhrem Hund,
woll se garnist wetten.

Keinen Kauken, Zucker, Brot,
ach, öhr Mudder kam in Not,
wat sall dat noch weren.
Medizin, dä witten Pillen,
Salbe un dä Buukpastillen,
Hanne woll nist hören.

Süh, dä lüttje Breddigam
kam, keek leiw us Hanne an,
hat am Bedde säten.
Hanne hör kein Fieber mehr,
keine Weihdag, kein Beswer,
konn ok wedder äten.

Hei hat wat

Ik mak mik Sorjen um usen Jungen,
Mudder, hei gefällt mik nich.
Wat was hei immer fit un ungetwungen,
het e lacht, hat danzt un fröhlich e sungen,
et ging ne sicher wat gejen Plan un Strich.

Hei mott wat mit sik rummerdragen,
wat sien Gemüt belasten deiht.
Bether lett ik jedoch dat Fragen,
wat ne fähle, wat ne plage,
wat anders leip, ne im Koppe dreiht.

Du meinst, hei sleept wat mit sik rummer
un kümmt deswejen nich taur Rauh?
Vielleicht plagt öhn dä Liebeskummer,
damidde quält hei sik jetzt rummer,
dat heilt dä Tied so rasch nich tau.

Mudder sett dik, hult dik fast,
hüt morjen was dä Heinen da,
jetzt kenn ik usen Jungens Last,
son Lausebengel, son Lodderbast,
jetzt warst du Oma un ik Opapa.

„Alte Dorfkirche" Radierung von Ellen Kresky

Hergotts Kinner

Dä Kerk in Rahne, dä was ut,
dä Lüe kamen langsam rut,
noch annedahn von all dän Wören
dä sei vom Paster können hören.
Ok Harmsen Gaus und Lutjen Grau
slendern öhren Hüsern tau.
Sei vertelln sik dit un dat,
wie schön dä Paster predigt hat,
wie hei dä rechten Wöör herr funnen
dä jedem deip in't Harte drungen.

Se blewen stahn, denn Lutjen Grau
dä säh: „Ut eint word ik nich richtig schlau.
Dat, wat hei säh von Herrgotts Kinner,
dat will nich in mien'n Kopp e rinner.
Ik mein, dat hat hei owerdreben,
et mott doch Underschiede geben.
Et giwt gue Minschen, et giwt slechte,
Ehrawsnieder un Gerechte,
Lüeschinder, Bessenbinder.
Sönnewekke, dä scheinheilig daut,
aber wie dä Elstern klaut.
Kennst du — als ehrenwerter Mann —
son' Gesocks als Swester un Brauder an?
Dat disse Sorte use Hergott anerkennt,
wie dik un mik, ok siene Kinner nennt,
ohn Underschied — op gut — op slecht,
dat is — so mein ik — nich gerecht."

„Op Recht, op Unrecht, wat weit ik,
hör mal gut tau, ik frage dik:
Bist du in Ehren all' dien Wege gahn,
hast niemals du wat Unrechtet e dahn?
Bist immer du in dienem Leben
bie Anstand, bie dä Wahrheit bleben?
Hast nie biem Handel ein'n bedrogen?
Lüe, Frue un Kinner nie belogen?"

„Hör op, hör op", seggt Lutchen Grau,
„Du siehst, du urteilst tau genau.
Na diener Meinung sünd wie alle Sünner,
ohn Utnahm also Herrgotts-Kinner.
Wenn't so all sien — denn in sien'm Nahm
will ik dä Wöör vom Paster recht verstahn.
Kummt einst dä Dag, et mott denn sien,
denn danzt wie mit 'nem Heil'genschien,
op groot, op lütt dä Sünnen warn
in unsen Herrgotts-Kinnergarn".

Hartenswärme

Ging vor öhre Huusdör
immer op un dahl,
swarrt dä Nacht,
heww ik dacht:
Käm se jetzt doch mal.

Under öhrem Fenster
stund ik lange Tied.
Ne ole Weise
innig, leise
sung ik öhr ein Lied.

Open ging dat Fenster,
ach, wie word't mik warm:
„Bist du dull, bie sönne Küll'",
nahm mik glieks in'n Arm.

Als ik in öhr'm Bedde lag,
hat se sik erbarmet,
mik e faat't ohn Underlat
drücket un e warmet.

Wiehnachtsmann

Gistern heww ik an öhn schreewen,
hei sall 'ne groote Pupp mik bringen,
dä lachen un ok spräken kann,
mit Schauh un schöne Kleeder an.
Dat wünsch' ik mik vom Wiehnachtsmann
vorr allen andern Dingen.

Wat? Du glöwest noch an'n Wiehnachtsmann?
Da kann ik doch nur ower lachen.
Wedste wat mien Brauder seggt?
Dä is schon groot, un dä hat recht,
kein Ruprecht, un kein Wiehnachtsmann
bringt lüttjen Kindern schöne Sachen.

Dat was nur alles dummen Snak,
hat mien grooten Brauder seggt.
Schulten Vader — dat steiht fest —
is vorijet Jahr dä Ruprecht west.
Dän grooten Bart kläw hei sik an
un speel damidde Wiehnachtsmann.

Vorijet Jahr, biem Koopmann Hein —
mien Brauder hat et heimlich sein —
hat Vader, Mudder, utesocht
Trummel, Bildbauk, Bausteinklötze
un and'res noch. Uns awer het se
seggt, dat herr dä Wiehnachtsmann e brocht.

Kann möglich sien, dat et so is.
For mik steiht fest un is gewiß,
dat hei mik fründlich giwt dä Hand.
Hei speelt mit mik biem Lichterboom,
führt mik durch einen Märchendroom
in't wunderschöne Kinnerland.

Aus deinen Tränen werden sprießen,
viel Rosen rot und Rosen weiß.
Die Blütenblätter zart umschließen,
dein Sehnen und dein Lieben heiß.

Die Rosen werden duften, blühen,
jahraus, jahrein, zur Sommerzeit.
Wird Duft und Glanz im Herbst entfliehen,
fährt mit dahin dein Herzeleid.

Es werden deine Tränen glänzen,
wie junger Tau, kristallenrein.
Was einsam geht und steht bekränzen;
und du wirst nicht allein mehr sein.

Es werden dein Tränen trösten,
der Wegemüden gleiches Leid.
Du findest darin deinen Nächsten.
Durch deine Tränen glänzt dann die Freud.

Fahr hin, fahr auf zum Allerhöchsten,
so all Ihr Tränen Sterne seid.

Aus dem Archiv von Hermann Marschewski

In Schummern

In Schummern kummst Du nah mik rut,
nah'n Beerenboom, mien Deern.
Ik lur op Dik, mien leiwe Brut,
Du wedst, ik hew Dik geern.

Fröggt Dik dien Mudder, will se wetten,
wohenn öhr Deern in Schummern geiht,
segg öhr: Du harst Dien Schört vergetten
biem Beernboom, dä im Garen steiht.

Un seggt Dien Vader: Will mien Deern
in Schummern noch spazieren gahn?
Denn segg: Du wost dat Grulen lehrn,
biem Beernboom det dä Grulmann stahn.

In Schummern most dän Grulmann packen,
bie'n Beerenboom, mien Deern.
Du most mit öhm nur richtig snacken,
denn ward hei Dik dat Gruln schon lehrn.

Katenglück

Karlinken hat'n Breddigam,
nu süh mal an, saun Deern.
Sei singt dän ganzen Dag: Jehann,
wat fang ik ohne dik nur an,
wie mag ik dik sau geern.

Jehann dat is en braven Knecht,
mag ok Karlinken lien.
Karlinken wör öhn grade recht,
sogar sien Bur hat nülich seggt:
Jehann, dä söst du frien.

„Martha's Haus"   Radierung von Ellen Kresky

Nun sünd se beide Frue un Mann,
is alles woll bestellt.
Karlinken singt — un öhr Jehann
fängt morjens schon tau fleutjen an,
wie schön is doch dä Welt.

Un wenn denn erst lütt Hannemann
slöppt op Karlinkens Schoot,
denn lacht Karlinken Jehann an
un Jehann fängt tau fleutjen an,
wat is mien Glück doch groot.

„Kalte Mühle"   Radierung von Ellen Kresky

Slaplied

Slap mien Deern, nun slape,
bist sau tru, sau riek,
Kantor Peters Schaape
möt jetzt rin in'n Diek.

Süh, dat Schaap, dat swarte,
will nich runder gahn,
ach, wie slaug öhr Harte,
blew am Ranne stahn.

Kantor Peters schimpe,
lange, lange Tied,
hei trek öhr an twei Strümpe
un denn ging et gliek.

Alle Schaap sind Diene,
ach wat wörn se froh,
sleipen inne Schüne
bie Dik im gälen Stroh.

Slap, mien Deern, nun slape,
ward et wedder hell,
gaht wie nah dä Schaape,
krulst Du öhr dat Fell.

Liefweih

Lieschen is mal wedder krank.
Dittmal hat se — Gott sei Dank —
bloß dä Liefweihplage.
Lieschen aber wringt dä Hänne,
stöhnt un weent, als ging't tau Enne
noch am selben Daage.

Öhre Mudder flüggt umher,
wett kein Rat, kein Helpen mehr,
weent dä Oogen rot.
Löppt nah Stine Suhr un schriet:
Stine help, du leiwe Tied,
Lieschen geiht uns doot.

Dat hört ok dä Knecht Jehann,
kümmt mit sien groot Messer an,
stellt sik vor Lieschens Dör.
Seggt ganz lut: Denn mut et sien,
wie möt dän Buuk, dän Wurm rutsnien,
anders help nist mehr.

Lieschen hört, wat Jehann seggt,
Lieschen kennt genau dän Knecht,
kennt ok dat groote Messer.
Rennt henn taur Dör un schriet ganz lut:
Jehann, dä Wurm krüppt grade rut,
mik is all veel, veel besser.

„Pilze"   Radierung von Ellen Kresky

Mudder will verreisen

Use Mudder will verreisen,
sei wett noch nich genau wohenn.
Vielleicht nah öhre Swester Grete
un öhren Mann, dän Swager Swenn.

Kann sien, sei reist tau Onkel Behn,
dä hat all oft an Mudder schrem.
Onkel Behn is old un so alleen,
biem guen Willen is et blem.

Öhre Freundin, Käthe Lühr,
woll sei seit Jahren schon beehren.
Doch dä Reis' is wiet un dür,
drum konn ut disse Reis' nist weern.

In Frage kamm noch Tante Best!
Doch Mudder woll davon nist wetten,
sei is mal Mudders Pate west –
doch Mudder hat dat längst vergetten.

Op Reisen gahn sind Mudders Pläne,
dä Urlaubsuhr hat uteticket;
ut öhre Oogen rullen Tränen,
dä hat se hinderher e schicket.

Karl Johann

Wat makt Dien Swester, Karl Jehann,
de jüch dä Storch e brocht,
hat denn Vadder un dä Mamm
dat rechte utesocht?

„Nä! Ik mag se garnich lien,
dä kann ja noch nist daun,
dä kann man immer luthals schrien,
kann nich mal en Stücke kaun.

Un wenn mien Swester schriet ganz lut,
maakt öhre Windeln vull,
denn smitt mik Mamme sogar rut
un maakt mik reinweg dull.

Mien Swester? Nä, dä mag ik nich,
de kann dä Storch beholn,
manchmal maakt se ein Gesicht –
ik könnt se denn versoln".

Denn will ik man, mien lütt Jehann,
dien Swester naher hal'n,
segg tau Vaddern un tau Mamm,
ik det ok gut betahl'n.

Da aber löppt mien Karl Jehann
na Huus un slütt ganz schlau
lütt Lieschen öhre Kaamerdör
un denn dä Huusdör tau.

Hei seggt tau Mamm mit tru'm Gesicht:
„Wat is us Lieschen gut,
dä Kerl kriggt use Lieschen nich,
dän smiet wie koppas rut."

Op einen Bein

Kumm, lütt Mieken, sast mal kieken,
sowatt haste noch nich seihn.
Op Lüders Daak, op't groote Rad
steiht en Storch mit einem Bein.

Wo hat hei denn dat annere laaten?
Hat hei et underwegs verlor'n?
oder ist 'n awweschooten,
gar mit einem Bein gebor'n?

Mieke kickt nah't Nest un seggt:
„Gistern war'n twei Beine an,
vielleicht hat hei't biesiete leggt,
damidde et sik utrauhn kann.

Kann ok sien, wer kann et wetten,
liet dat Bein biem Diek im Gras?
Hinderher hat hei't vergetten
wo am Diek dä Stelle was".

„Kumm na Huus, nee Mieke, bliew,
kiek mal, wat da grad passiert,
hei haalt dat Tweitbein ut sie'n Lief.
Wie hat dat Dier uns anneführt!"

Mien lütt Jehann

Lach doch mal, mien lütt Jehann,
lachst sau tru, sau säute,
sühst sau glu — sau klauk — mik an
use lütte Strampelmann
strampelt mit dä Fäute.

Lache, lache mien Jehann,
ach, Du wutt mik wat vertelln?
Opa spannt dä Päre an,
sall for Dik biem Wiehnachtsmann
schöne Sachen schon bestelln.

Lach nochmal, mien leiw Jehann,
sast mien olen Dag verschönen.
Süh, ik bin nun olt, word grau,
gah vielleicht schon ball taur Rauh,
naher kannst genauch noch weenen.

Lache, hüt bist Du noch mien,
speel ik mit Dien lütte Hänne;
morjen kann't schon anners sien,
leggt man mik in Linnen rin,
is dat Speel tau Enne.

Snieder Henkel

Et was de Tied, wo Meta Fricke,
disse Zicke, woll dän Snieder Henkel frien.
Snieder Henkel aber dachte,
nich sau stürmisch, sachte, sachte,
dat mot owerleggt doch sien.

Da wör denn noch Fräulein Lange,
disse Schlange, war ok hinder Henkel her.
Snieder Henkel kreeg dat Grusen,
lett dat Fräulein Lange susen,
weil se gar tau häßlich wör.

Awer Nawer Schulten Grete,
disse Kröte, dä wör Snieder Henkel recht.
Dä de hei vom Fleck weg frien,
doch sei mochte öhn nich lien,
was ok anders schon verseggt.

Dä junge Witwe Alma Platte,
wie ne Katte fung sei Henkel in öhr Netz.
Alma Platte herr Erfahrung
mit Verführung, Schmus un Paarung,
Alma is Frue Henkel jetzt.

Smöken

Schultens Fritz und Lemkes Hein,
dä kamen beide owerein,
sei wolln et endlich mal riskieren
wie't is, wie't geiht, wie't einem steiht,
will man dat Smöken utprobieren.
Dat Lutschen op ne Stang Lakritzen,
dat wör ja lachhaft for Schultens Fritzen.
Nun woll'n sen Spaaß biem Schoppe packen,
tein Jahr herrn sei nun schon im Nacken.
For'n andern Dag, so ward besprooken,
woll'n sei't probieren mit dat Roken.
Mit slieken, kieken un mit List,
klaun sei denn ut Vaders Kist
wat taum Smöken nödig ist.
Am andern Dag, dä Schaul was ut,
da traben se taum Door herrut.
Wo Heuers Roggen mannshoch stund
dat Drama sienen Anfang fund.
Sei hol'n schon öhr Zigarren richtig,
ok dat is for en Kenner wichtig.
Dä Rook, datau Zigarrenduft,
dä steeg sik krüselnd inne Luft.
Un wie sik dat datau gebührt,
et word ok flietig diskutiert.
Bett op einmal dä Fritze seggt,
vadammt, mik ward't vadächtig slecht!
Et dure noch ne korte Tied,
denn herrn se beide öhren Schiet.
Hausten, Liefweih kamm hentau,
dä Näsen worn se witt, denn grau.
Sei krümmen sik wien Räjenwurm,
in öhrem Magen ras en Sturm.

Dä Oogen dreihn sik, worn se stief,
denn kam't wie Füer et ut dem Lief
mit Rook vamischt, ne brune Brühe,
dat twung se beide inne Knie'e.
Dä Prozedur was gar tau slimm,
sei strecken sik un sleipen in.
Nur Lemkes Hein brocht en Satz noch rut:
Wo wasch ik bloß dä Büxe ut.

„Sunset" Radierung von Ellen Kresky

„Der Baum" Radierung von Ellen Kresky

Schauster Vogt

Schauster Vogt wörr nich verfriet,
datau was immer keine Tied,
et fäle öhm ok dä Courage.
Zwar herr hei lang schon utesocht
wat hei sau geerne frien mocht,
doch fürchte hei sik for Blamage.
Grete Lund — so hett dä Deern,
herr Schuster Vogt von Harten geern,
doch et blew biem Wünschen.

Ok dit Jahr ging ohn' Glück dahenn
un as et ganz un gar tau Enn,
bleben t'rügg twei kranke Minschen.
Twei Minschen, dä sik lien mochten,
dä beid' na einem Utwegg sochten,
um for et Leben sik tau binden.
Dän Schauster quäle Hoffen, Planen
un Grete Lund dat bän mit Tranen.
So lett sik doch kein Utwegg finden! —

Eines Dags hat denn de Grete
öhren Brauder beicht öhr Nöte,
bitt't, hei möge se verstahn.
Dä maake nich veel Fedderläsen,
is twei Stund biem Schauster wäsen,
mit öhm glieks nah Grete gahn.

So watt

Dä Henne pikt und sluckt 'n Wurm,
im Kropp entstund 'n grooten Sturm,
weil darin schon en Käwer saat,
dä ut em Darm dä Würmer fraat.

Im Kropp entbrenne nun en Kampf.
Dä Henne kreeg dän starren Krampf,
konn nist mehr hören, nist mehr seihn,
dä Krampf smett se von öhre Bein.

Dä Henne sik in Ahnmacht wind't,
dä Wurm jetzt einen Utweg find't.
Ein Satz am Käwer rasch vorbie,
ruut ut em Lock, dä Wurm is frie.

Rasch woll dä Käwer hinderher,
Doch fund' hei nun dat Lock nich mehr.
Dä Henne könn nun wedder stahn,
dä Beine konnen wedder gahn.

Dä Wurm ganz rasch in't Gras vaschwind,
wo hei den Schreck nun owerwind't.
Im Kropp der Henn' is wedder Rauh,
dat Lock am Steert, dat sloot se tau.

Dä Spuuk

In unse groote Dönze, da spuukt et, mien Kind,
wenn alle im Huuse tau Bedde gahn sind.
Denn huult et un juult et, dat is en Radau,
drum sluut wie dä Dören un Laden fest tau.

Manchmal inne Dönze, um Schosstein un Balken
speelt hei mit dä Uul'n, ok mit dä Falken.
Is meu hei, verkrüppt hei in't Heu sik un Stroh
oder danzet ower Däker, slöppt im Felle irgendwo.

Öfter makt hei en Spaß sik, geistert dorch Zimmer
ärgert un maakt bange böse Minschen und Kinner.
Is tau Enne dä Spaß, hei kichernd verswindt,
man hört öhne julen im stürmischen Wind.

Dik, mien Kind, dik deiht dä Spuuk nist,
weil Du noch so lütt'j un unschullig bist.
Dik singt hei in'n Slaap, bliwt am Bedde hocken,
slöpst Du, mien Kind, sliekt hei weg denn op Socken.

Tragödie in Heuhnerhoff

Et gaw im Heuhnerhoff 'nen Hahn,
dä lett under Verfoljungswahn,
was längst sien Leben owerdrüssig.
Wieso un wie et datau kam,
warum man öhn dat Leben nahm,
is tau vertelln hier owerflüssig.
Et was mal so! — Melancholie,
datau dä Gicht in beide Knie
fraaten an däm Oolen mächtig.
Ob jungen Heuhnern — Freujahrsbrut,
mit Harten vuller Liebesglut,
was lange schon dä Hahn verdächtig.
Sei murrten, strien sik tau Recht,
Gefahren drauen däm Geslecht,
wenn et sau wieder ginge.
Sei holen Rat mit veel Krakeel.
Dat Enne was en grusig Speel,
dä Hahn hing morjens inne Slinge.
Im Sanne scharr'n se öhne in,
doch was dä Truer en Löjjenschien.
Juliette hailt 'ne Leichenpredigt.
Als't Futter streue dä Marie
am Morjen, was dat Truern vorbie,
dä Sündenfall forr sei erledigt.
Et kummet so, word kalkuliert:
Marie 'nen annern Hahn serviert,
dä jung un schön is, vuller Triebe.
Dä dat Geslecht könn düchdig mehren,
dä Heuhnerwünsche det erhören
un schenke allen siene Liebe.
Jedoch, sei herren sik verdahn,
sei spören ball' det Falles Wahn
un leise sä tau sik Juliette:
Veel besser is et, man hat einen, —
hat hei ok Gicht in beiden Beinen,
wenn ik dän Oolen man noch hätte,
egal, wenn hei dat Kraihn ok lette.

Wochen slieken ahnungsvull vorbie,
slachten, bran, besorje jetzt Marie,
dä Rest en trurig Anseihn bot.
Kein einzig Ei kamm mehr in't Nest,
dat is taum Schluß dä Rache west;
am Morjen fund Marie se dood.

So geiht et, lett man sik betören,
dat Oole störrt, statt et tau ehren,
wat stets hat siene Pflicht e dahn.
et dröjjt dä Liebe keine Kronen,
wenn innen Neid un Hoffahrt wohnen,
weil man sik sülms belüjjt, bedrüjjt.

„Hühnerhof" Radierung von Ellen Kresky

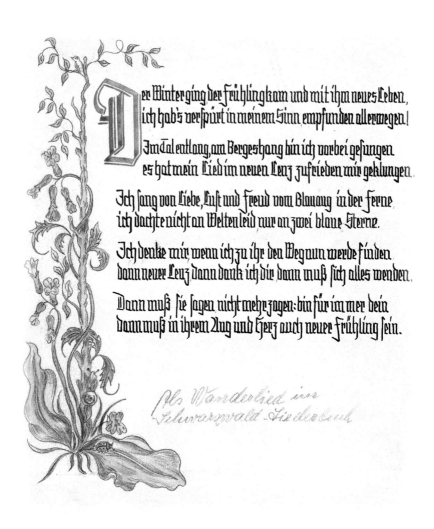

Der Winter ging der Frühling kam und mit ihm neues Leben,
Dich hab's verspürt in meinem Sinn empfunden allerwegen!

Im Tal entlang, am Bergeshang bin ich vorbei gesungen
es hat mein Lied im neuen Lenz zufrieden mir geklungen.

Ich sang von Liebe, Lust und Freud vom Blauaug in der Ferne
ich dachte nicht an Weltenleid nur an zwei blaue Sterne.

Ich denke mir, wenn ich zu ihr den Weg nun werde finden
dann neuer Lenz dann dank ich dir dann muß sich alles wenden.

Dann muß sie sagen nicht mehr zagen: bin für immer dein
dann muß in ihrem Aug und Herz auch neuer Frühling sein.

Als Wanderlied im
Schwarzwald Liederbuch

Aus dem Archiv von Hermann Marschewski

Tau Pingsten

Wenn Pingsten is, wenn Pingsten is,
denn ward et höchste Tied,
dat Snieder Karl, dat Sniedet Karl
sien Lieschen endlich friet.

Un friet hei sei, un friet hei sei,
wedst du, warum hei't deit?
Sien Liseken, sien Lieseken
is hübsch un sau gescheit.

Tau Pingsten, tau Pingsten,
slacht Snieder Karl dän Bock.
Sien blonde Deern, dat Lieseken,
kriggt denn 'nen roen Rock.

Un danzt mit öhr un schmust mit öhr,
bett dat vorbie dat Fest.
Un hinnerher, un hinnerher
kruupt sei in't eig'ne Nest.

Un deit hei't nich, un deit hei't nich
tau Pingsten Lieschen frien,
dann ward bestimmt, dann ward bestimmt
dit Jahr kein Pingsten sien.

Son Drachen

Wedste wat, seggt Jochen Knut
tau sienen Nawer Chrischan Blau:
Wenn ik so könn, ik smett se rut,
dat hölt op Duur kein Deibel ut,
denn herr ik endlich Rauh.
Dag for Dag Schikanerie,
dat is dä reinste Barberie.
Du glöwest nich, wie mik dä Miss
seit Jahren schon tauwedder is!
Veel Stunne sach ik da schon rot,
wenn't danah ging, was se lang' doot.
Ik herr schon mal'n Strick taur Hand,
dän Haken anne dicke Wand,
dat is denn awer unnerbleben
un darum is se noch am Leben.
Dän ganzen Dag sinnier ik bloß,
wie wirste düssen Drachen los! —
Chrischan, glöw, sei drifft' tau dull! —
Ik will nun leiwerst rinder gahn,
sonst haut se mik dä Jacke vull.

Alleen

Mitunner sitt ik so alleen
in miene lütt Kabien.
Ik smök mien Piep — un denk un meen
käm doch tau mik ok mal so een
dä so wie ik is so alleen,
möcht nich alleene sien.

Manchmal, wenn koolt dä Piep un dä Kabien,
dat Lampenlicht will slapen gahn,
im Füre glimmt dat Enne Kien
in sienem letzten, gluen Schien,
da sinnt un spinnt in Schummern fien
dä Tied, bliwt stumm im Raume stahn.

Mitunner knarrt im Droom dä Dör,
et kummt denn mannicheen.
Sei snackt mit mie, geiht hen un her,
doch wenn dat Knarrn ik wedder hör,
denn sliekt sei weg, as wenn nist wör,
bin wedder denne so alleen.

Geiht mal dat Licht in Schummern ut,
in miene lütt Kabien,
denn is tau Enn, wat slecht, wat gut,
dän Deckel tau, man dröggt mik rut,
un wat da rumsteiht, flennt sau lut,
jetzt will et bie mik sien.

„Der Großvater" Radierung von Ellen Kresky

Ahnengabe

Sebben Kränze bund dä greise
Ahne öhren Enkelinnen.
Sebben Sprüche kör se leise
un denn storw se inne Linnen.

Wat sind sebben, siebzig Jahre?
Tau dän Kränzen sebben Schleier,
Blaumen, Kerzen vor'm Altare
knie einst dä letzte Freier.

Ahnensprüche, Ahnengabe,
wandelbar, wie Dunst un Rook.
Vonne Weege bet taum Grabe —
kort dä Spanne bet taum Dood.

Längst vergahn sünd Kränze, Schleier,
dröge Blaumen staht in Vasen
un dän letzten, ernsten Freier
dekte tau dä gräune Rasen.

Siebzig Jahre inne Linnen
hat dä Ahne schon e lägen,
doch dä Schaar dä Enkelinnen
drögt dä Ahne öhren Segen.

„Calla" Radierung von Ellen Kresky

Aber weenen saste nich

Awer weenen sast du nich,
mott ik dik verlaten.
Süh, ik bin en Wandersmann,
kehre narjens lange an,
mien Glück blaumt oppe Straaten.

Mien Hus is butten Feld und Heid,
dahenn drag ik mien Leben,
da bin ik frie, frie mott ik sien,
dä Vogelsang, dä Wald is mien,
sonst wörr ik hier e bleben.

Awer weenen saste nich,
kann ik nich wedderkehren.
Morjen Abend biem Mandenschien,
kann un wart et woll schon sien,
warst einem andern du gehören.

Un ik bin morjen wedder frie,
singe dorch dä wiehe Heide,
weenen, Mäken, bruukst du nich,
maak en lachendet Gesicht,
wenn in von dik scheide.

Anne Johanna

Anne Johanna, einst söllt noch nich sien,
taur Sommertied, Rosentied warst Du denn mien.

Anne Johanna, wie gingen tau tweit
durch gräunendet Land, durch rosenroe Heid'.

Anne Johanna, wie stejen bergan,
lachend und singend, wie kecken uns an.

Anne Johanna, dien verlockendet Speel
nahm gefangen mien Harte un miene Seel.

Anne Johanna, wie wanderten wiet,
dä Ferne reip uns, verlockende Tied.

Anne Johanna, dä Sommer verrann,
dä Heide verblaume, tau harwste fungt an.

Anne Johanna, ik höre dän Schrie
ut Ferne un Nächten. Vorbie! Vorbie!

Anne Johanna, wat hat dik verdreben?
warum gingst du wegg, wo bist du e bleben?

Ik socht' diene Spuren, kamm wiet, wiet umher —
Anne Johanna — ik fund keine mehr.

Damals

Wat Kantor Prigges Witwe wör,
de herr rechts vonne Garendör
dän grooten Beernboom stahn.
Da unner stund ne schöne Bank,
hier hew as Kind ik stunnenlang
an manchen Dag e speelt.
Un Lieschen Heuer, Nawers Fritz,
dä hör datau, mit sienem Spitz;
sonst herr ja watt e fehlt.
Ok Oma Prigge wör dabie,
hat veel Geschichten uns vertellt,
von Steerne, de dä Schaape sind,
baben undern Himmelszelt;
von Schneewittchen und dä Zwerge,
dä hinder sebben Berge wohnt;
von Fru Holle und vom Mann,
dä ümmer rumreist mit dem Mond.
Dat is nun schon sau lange her.
Dä Tied is mit de Winne gahn.
Oma Prigge deckt dä Erd,
dä Bank, dä Beernboom bleben stahn.
Oft sitt ik op dä Bank im Sunnenschien
un denk: Könnet doch nochmal sau sien,
wie damals, as ik Kind noch wör.
Un et kämen Oma Prigge, Fritz un Lieschen
lachend dorch dä Garendör.
Dat is un dat geiht nich mehr —
wat hind' bleew, kümmt nie wedder her!

Ein Kleinod ist's, ein Feines,
das ich gefunden hab,
in weiter, grüner Heide,
in sternenklarer Nacht.

Mir ist, als ob die Heide,
Strauch, Baum, Mond auf der Wacht,
mit mir sich freuen wollten
in sternenklarer Nacht.

In sternenklarer Nacht
gefunden, auserkoren.
In grüner Heidepracht
hab wieder ich's verloren
und alle Freunde, Freude,
die mich so reich bedacht,
die hab ich mit verloren   *verloret!*
in sternenklarer Nacht

Aus dem Archiv von Hermann Marschewski

Dä Wind

Wenn dä Wind weiht,
wenn dä Drossel wedder sleiht
un dä Star singt Lied um Lied,
sliekt dä Wind um't Huus, sau lind, sau fien,
dä Ginster blaumt und dä Jasmien,
denn is et Freujahr, det Jahres schönste Tied.

Wenn dä Wind weiht,
wenn dat Koorn im Felle steiht,
dä Sünne sengt ut Halm un Krut dän Rest,
mag dä Wind nich weihn und fleutjen mehr;
dä Nester im Busch un Boom sünd leer,
denn is det Jahres beste Tied e west.

Wenn dä Wind weiht,
wenn hei rappelnd ober dröge Stoppeln geiht
blöst un schürt dän roen Hahn,
wenn hei dröget Loof, durch dichten Nebel drifft,
dä Voss bie Nacht in sienem Bue blifft,
denn will det mäue Jahr tau Enne gahn.

Wenn dä Wind weiht,
wenn piel und raschelnd dat Schilf im Maure steiht,
dä Snie deckt tau de Welt sau groot, sau wiet.
Löppt dä Wind dä Straaten, Gassen op un dal,
ritt ower Tüne, Hejjen, Dak un Pahl,
denn singt hei nachts im kahlen Boom dat Starwelied.

„Vogelbeeren" Zeichnung von Ellen Kresky

Dat Jahr nimmt Abschied

Un wedder is et mal sau wiet,
dä Tied — sei blew nich stille stahn.
Dat ewig ole — nie'e — Lied,
Koomen un denn wedder gahn.

Wat nun geiht mit sienen Daagen,
dat Jahr ist't, dat tau Enne geiht.
Swar dä Last dä et moßt dragen,
wennig Freude, veel mehr Leid.

Veel Alldag, Unrast, was dabie,
ein Abend un ein Morjen,
kein einz'ger aber make frie
uns von lüttjen, grooten Sorjen.

Un nu mott e dem nie'en weiken,
bewejt sik meuhe vonne Stelle.
Mit kruser Stirn un Frageteiken
tritt dat nie'e ower dä Schwelle.

Dä Droom vom Tuun

Marten Hein un Gerda Bluhm
waren Nahwerskinder Tuun an Tuun
durch öhre ganze Kindertied.
Dä Tied, dä stap'le Jahr um Jahr,
decke tau, wat Speel und Frohsinn war
un lejjt et stumm biesiet.

Marten Hein kamm inne Lehr,
melle sik taum Militär,
lett sik nich wedder seihn.
Gerda Bluhm studiere lang,
word Sekretärin inne Bank
un teuwe op Marten Hein.

Oft hat Marten Hein öhr schreben,
doch dabie is et ok e bleben
so manchet Jahr.
Op Bilder, dä hei schickt hat, stund:
„Bliew mik tru un bliew gesund,
koom ik taurüjj, ward alles wahr".

Gerda Bluhm is ledig bleben,
dä Krieg nahm Marten Hein sien Leben
da was dä Droom vom Tuun tau Enne,
vorrbie allet Hoffen, Bän un Sehnen,
verlorene Jahre, Truer, Tränen
aber Breife, Bilder gleit't oft dorch dä Hänne.

Dat schöne Jahr

Dä Heckenrosen blaumt am Waldesrand,
ok Birken kleet en nie't Gewand
un junget Loow drew Klee un Krut.
Jetzt her, wat lang im Schapp hat rauht,
dä Wanderstöcke, Ranzen, Haut,
mit frohem Lied taun Dore rut.

Susann, nu laat uns wandern
un singen mit dä andern
durch Heide, Wald un Feld.
Un abends, wenn dä Duwer schriet,
tau Bedd, tau Bedd, ist höchste Tied,
slaapt wie undern Steernzelt.

Susann, dä Sommer steiht in't Land,
dä Heide hat öhr rotet Band
utbreit't ower Berg un Tal.
Ut Busch un Boom dä Vogelsang
begleitet uns op usen Gang
durch dä Heiden purpurn Saal.
Susann, wie rasch dä Tied vergeiht,
dä Buttenmann am Waldrand steiht
verblaumt sind Heide, ok dä Klee.
Dä Kraniche kreist owern Tal,
sammelt sik taum letzten Mal
un raupt herunner: Ade! Ade!

Susann, im Maure dä Nebel sik schon dreiht,
nu ok dä Harwest tau Enne geiht,
wie möt nu scheiden vonne Heiden.
Dä groote Stille Inkehr hält,
taur Rauh bett't sik nu Wald un Feld,
wie swaar fällt uns dat Scheiden.

„Kirche" Radierung von Ellen Kresky

Dä ole Uhr

Ticke, tacke, Ticke tum
tickt dä oole Uhr.
Tickt se schon sau manchen Dag,
höllt dä Tied, dä Meuen wach
im dunklen, grooten Flur.

Ticke, tacke, Ticke tum
mahnt se, — sie bereit —
spute dik, kiek dik nich um,
frag nich weshalb un nich warum,
korrt is dä Weg tau'r Ewigkeit.

Ticke, tacke, Ticke tum
glieksmäßig is öhr Gang.
Sinnig, innig, bedacht un weise,
underteilt, dorchdacht dä Reise,
Ewigkeit is Nacht, is lang!

Ticke, tacke, Ticke tum
spukt dä oole Uhr.
Wenn dien letzte Hauch verweiht,
dien Hart mit einmal stille steiht,
Ticke tum folgt diener Spur.

Dat Möllnrad

Inne oole Watermölle
wo dat Möllnrad stille steiht,
schon seit veelen, veelen Jahren
sik nich mehr im Water dreiht,
fritt un naget Rost un Wind
dä grooten Kelln, Spund un Splind.

Mitunner, wenn dä Sturmwind springt
inne Speeken, Planken, Spellen,
hört man, wie dat Möllnrad singt
von ooler Tied, von Mester un Gesellen.

„Alte Mühle"   Radierung von Ellen Kresky

Anne hundert Jahr un mehr
hat et sik im Grunne dreiht! —
Dä moderne Tied was schuld,
dat't solang schon stille steiht.

Doch manchmal, wenn dä Geisterstunne
mit däm Vullmand treckt durch't Tal,
is dat Möllnrad mit im Bunne,
quarrt et, dreiht et sik ok mal.

„Die alte Mühle" Radierung von Ellen Kresky

Dä Mann im Maan

Dat was eine schöne Geschichte,
dä mik dä Ahne vertellt,
dä von däm Manne im Maane,
dä rumreist in alle Welt.
Wie hei det nachts dorch dä Wälder
un ower dä Felder geiht,
horcht op en Atem der Släper,
wobie hei oft stille steiht.
Hei lachet beglückt, wie ein Kind,
wenn hei inne Weegen kann schun,
dä Kinder in seelige Droome hei spinnt,
lett goldene Slösser sei buen.
Denn trecket hei wieder mit en Winne
ower Barg un Tal dahenn,
wachst du op, denn ielt hei geswinne
taun Maan un steiht wedder midden in.
Geern lett hei vom Winne sik dragen.
Moßt wetten, dä Mann is schon oold,
mit hochgeklappten Mantelkragen
hockt hei oft bie dä Steine inne Wohlt.
Et is wahr, dat hei in alle Welt
umherreist, nich taur Ruhe kümmt,
dat hei alle Diere kennt un tellt,
dä Kranken midde in sien Maansaal nimmt.
Inne Wolken, da verstickt er sik geern,
dainne slöppt hei sik ut,
doch wenn öhne Döndern und Blitze daut störn,
denn kiekt hei verslapen herrut.
Sejj mal, Ahne, starwt dä Mann denn nie?
Bliwt ewig im Maane hei stahn?
Doch! Dat deit hei — man wett nur nich wie —
da ward veel Tied noch vergahn.

Mein Garten

In meinem kleinen, einsamen Garten,
Da liegt die Erde schwarz und braun.
Die Blumen all, die bunten, zarten,
Stehn ringsherum am Birkenzaun.

Die wilden Rosen und die Heide,
Die blühn darin zur Sommerzeit.
Wildkornblumen, Astern, bunt im Kleide
Blühn in der Größtes Einsamkeit.

Dahinter wächst Dost und der Ginster.
Das Häuschen ist bewachst mit Klem.
Die roten Geranien blühn im Fenster
Und Sonne! Sonne, scheint hinein.

Die kleine Bank steht unter'm Flieder,
Ihrem dichten grünen Dach im Mai'n.
Dann lausch ich dort der Vöglein Lieder,
Und hör manch einen den Kuckuck schrein.

Dort schlägt mein Herz jahraus jahrein.
Ist meine Heimat, meine still Zuhaus.
Dort schließ ich meine Seele ein
Und laß sie nimmermehr hinaus.

Aus dem Archiv von Hermann Marschewski

Einen Sommer lang

Dä Hollunder blaume am Haage,
Dä Ginster golden den Wäg entlang.
Vuller Glück, vuller Sunne war'n dä Dage,
einen ganzen schönen Sommer lang.

Wie waren beide ein glücklichet Paar,
wat war'nt for selige Stunnen.
Als tau Enne dä Sommer war,
war dat Glück, dä Sunnenschien verswunnen.

Verblaumt is längst Hollunder, dä Klee,
use Harten kamen in Not.
Dä Scheidevagel sung: „Ade denn, ade",
ower brune Heide ging langsam dä Dood.

Dä Wäg taurügg war wiet, war swar.
Dä Snie liet jetzt kniehoch am Haage.
Vielleicht kummt t'rügg im andern Jahr
Hollunder, dä glücklichen Dage.

„Cosmea" Radierung von Ellen Kresky

Hartensnot

Stine mag den Jörgen lien.
Stine möcht den Jörgen frien,
macht öhn nur nich seggen.
All öhr ganzet Hab und Gut
un öhr Harte vuller Glut
möcht sei öhn tau Fäuten leggen.

Ach, in mancher, langen Nacht
hat se an öhr Jörgen dacht,
wurd dä Nacht taur Qual.
Gott, wie is sau hart un groot
allet Sehnen und dä Not,
käm hei doch eineinzigmal.

Manchmal, im Droom, kümmt hei tau öhr,
kloppt ganz leis an öhre Dör
un seggt: Mien leiwe Brut.
Denn lächelt sei im Droom sau fien,
waakt op, stiert in dat Dunkel rin
un weent sik inne Kissen ut.
Stine, leiwe, true Deern,
Vielleicht hat Jörgen Dik ok geern,
doch wer kann dat wetten?
Kör mit öhn, sonst kummt dä Tied,
wo Jörgen eine annere friet
und Du moßt vergetten.

Im Sturm

Dä Sturm hule iesig in Maure un Heid,
dän Sandwej entlang, dä nah'n Moordieke geiht.
Dat Loow danze, tummele inne Heid' op de Eer,
brun was dat Heidkrut, dä Nester war'n leer.
Wie Wächter in Mänteln, Machangeln op Wacht,
dä wille Duwe flog gurrend dorch dän Tann inne Nacht.
Dä Voss herret ielig, leip dän Waldrand entlang,
verkroop sik im Bu im Grunne am Hang.
Fasanen un Rehe ducken deip sik in't Kruut,
dat Schöne vom Jahr was vorbie, un was ut.
Dä Näbelfruens Schleier hüll'n alles in Grau,
dä Sturm det sik lejjen, im Maure was Rauh.
Twei Kreih'n flogen mit heiserem Schrie
däm Brandmaure tau — Vorrbie! Vorrbie!
Dä Spuren im Sanne hat dä Küselwind verweiht,
hinder däm Manne, dä truernd heimwärts geiht.

Kamm nich wedder

Leiwe Mudder, sä hei tau mik,
wenn du warst dän Kuckuck hören,
Fledder blaumt vor dienen Dören,
will ik tau dik wedderkehren.

Wenn dä Rosenknospen springet,
so um Pingsten ward dat sien,
wenn dä Vagels lustig singet,
wirst du mien forr immer sien.

Mudder! Balle ist't so wiet,
Snie un Ies sünd nu vergahn.
Mudder, jetzt is Freujahrstied
im Garen sah ik Glocken stahn.

Mudder! Mik is ja so bang,
längst verblaumt sünd Veil un Fledder,
Rosentied is schon so lang
un manch Vagel treckt schon wedder.

Ut Mudders Oogen rullt dä Tranen,
sei dröjjt an Dochders Leid so swar.
Ut Hoffen word schon banget Ahnen —
en kummervullet Trauerjahr.

„Alpenveilchen" Radierung von Ellen Kresky

Hein Steen

Hein Steen huck sik dän Seesack op
un säh „Adschüss Kathleen,
mott ik ok hüte wegg von dik,
ik laat ja hier mien ganzet Glück,
drum bist du nich alleen.

Giw acht op Muddern un op't Kind,
bliew tru Kathleen, teuw du op mik.
Wenn tweimal wesselt dä Mand sien Bahn,
denn stah am Kai, da ankert dä Kahn,
un ik bin wedder bie et Kind un dik".

Hein Steen kamm nie nah Huus taurügg,
dä Mand trekk Jahr um Jahr sien Bahn.
Heins Schipp leip oppen Felsenriff,
is da mit Mann un Muus in Gisch
im Sturme undergahn.

Kathleen stund abends oft am Kai,
keek truernd owert Meer.
So veele Schiffe föhrn vorbie;
Hein Steen sien Schipp wör nie dabie.
Watt fritt dä Sturm in sienem Wahn,
dat giwt hei nich mehr her.

☙

Wutt Du Andrer Richter sien,
kiek erst in't eigne Harte rin,
besser is et, Du verzichtest,
denn, wenn Du dä andern richtest
mot't eigne Harte sauber sien.

Jung was ik, jung –

Jung was ik, jung, dä Lenz im Land stund,
da bin ik einst lenzwärts marschieret,
un da, wo dat Leiwste taun Leiwsten sik fund,
da heilt ik inne, ik warf un bund,
ik hebbe probieret, probieret.

Probiert manchen Druppen, manch Mäken word mien,
ik hebbe mik niemals e zieret.
Ob groot oder lütt, herb oder fien,
ob dunkel dat Haar oder golden wie Wien,
ik hebbe probieret, probieret.

Oft sleip ik in Daunen, doch meistens im Stroh,
mik hat nie Beides schenieret.
Ik war ja morjen schon anderswo,
sung miene Lieder, was jung un froh
un hebbe wieder probieret.

Ik hebbe probieret, wejut, wejinn,
manch Lenz is vorbiedefelieret.
Jetzt denk ik taurüjj un slute mik in,
wenne mik aw, wenn jung — mit frohem Sinn
ein Anderer lenzwärts marschieret.

„Iris" Radierung von Ellen Kresky

Oma vertellt

Oma vertellt, dä Welt is sau wiet,
dä Wind treckt vorbie, sau rasch löppt dä Tied.
Bergaf un bergop geiht dat Speel, flüggt dä Droom,
em Enne bliwt nist, nur dä kahle Boom.
Dä Vogel sung sau seute, so lange is dat her,
wo is hei denn e blewen, hei singt ja nich mehr.
Dä veelen roen Rosen sünd e storben im Wind,
dä Wind war sau isig, dä Oogen sind blind.
Un allet, wat mien war, deckt dä Eer, deckt dä Snie,
veeldusend Gedanken treckt im Schummern vorbie.
Un all dä veelen Harten sind mäue, staht still,
wenn brunrot dat Loof fällt, dä Herrgott et will.
Oma vertellt, dat Spinnrad sik dreiht,
dä Laden, dä knarrt, dä Uhr sleiht un sleiht.
Bet einmal im Schummern dat Rad nich mehr löppt,
dä Faden ritt af un Oma dä slöpt.

„Äpfel"   Radierung von Ellen Kresky

Eia, popeia, popei

In hohe Böme swelt un speelt dä Wind,
et slöppt inne Weege min herziget Kind.
Eia, popeia, popei.
Ik hol mit de Fäute dä Weege in Gang
un horch in den Atem vom Kinne vull Dank.
Eia, popeia, popei.

Ik sinne rin in dat Speel vonne Ranken
webe, flechte dusend Gedanken.
Eia, popeia, popei.
Dä rosigen Backen, dä Hänne, sau fien,
slape mien Kind, mien bist du, mien.
Eia, popeia, popei.

Einst hat dä Ahne op em Stauhl hier e setten,
hatte sungen, hatte webet, längst schon vergetten.
Eia, popeia, popei.
Du kannst noch nich singen, späder kannst et ok,
denn wör ok ik vergetten, bin woll schon doot.
Eia, popeia, popei.

Mien Caro

Als Witt sien Hund hat Nahwuss brocht,
da hebbe ik öhn mik utesocht.
Hei keek so groot, so tru mik an.
Von dän Moment an, da stund fast,
dat hei un ik tausamme passt,
uns fortan nist mehr trennen kann.
So ward denn ut uns Beid ein Paar,
dat nich mehr wejtaudenken war,
man kenne uns in wieder Runne.
Wat sünd wie strolcht durch Wald un Flur,
jetzt loop ik, seuk ik siene Spur
un denk an manche schöne Stunne.
Hei was en Hund ohn Furcht un Tadel,
Promenadenmischung, nich von Adel
un doch im Wesen mit Charakter.
Hei hat dat ok von sik ut wusst,
mik rinderleggt und utenutzt,
mik degradiert tau sien Kalfaktor.

Un dat was ik so veertein Jahr,
ik was et geerne, dat is klar
un wär et geern noch länger west.
Doch nun is dat, wat war, nich mehr,
sien Slapkorf, sien Geschirr steiht leer.
Ik sluut mik in, dat is dat Best.
Et ging tau Enne gistern Nacht,
ik heww' an sienem Lager wacht,
ik konn dat Trurige nich faten.
Er, dä mien Fründ war, veertein Jahr,
mien Leiwste, miene Freude war,
hat for immer mik verlaten.
Underm Eschenboom, im hinderen Gaarn,
wo wie Beide speelt und glücklich war'n,
hewwe ik sien Graff öhn richt't.
Als ik öhn inne Gruft det lejjen,
ik schäm mik nich, et luut tau sejjen,
dä Tranen rulln ober mien Gesicht.

„Meine Klette" Foto von Ellen Kresky

Dä Tied

Et ielt dä Tied im Suseschritt,
et folget Jahr op Jahr!
Sei hölt nich an, sei nimmt dik mit,
du warst et kum gewahr.
Kickst du dik mal verwundert um,
wie is et möglich nur?
Du fröggst warum, sei nickt nur stumm,
folgt wieder öhrer Spur.

Bet dahenn, wö dä Eikboom steiht,
dä groote Stein steiht oppe Wacht,
bet dahenn, wo dä Wäg tau Enne geiht,
sik trennt dä Dag von de Nacht.

Taur Rechten ielt se rasch dahenn,
du möchtest hinderher.
Hier ging dä Wäg, dat Speel taur Enn,
du kickst öhr nah, et geiht nich mehr.

Gott schenke mik tau miene Tat
jünne reine, kraftvolle Saat
dä Werk un Name ehrt.

Senk deip in't Hart, in mienen Sinn
jünne fromme Weisheit rin
dä stets dat Rechte lehrt.

Namenlos

Wör keine — dessen Hart sau rien,
Wör keine — dä sau gaut.
Wör keine — dä sau zart un fien
                mit jungen, pulsend Blaut.
Wör keine — dä sau hold, sau tru,
Wör keine — dä sau riek,
Wör keine — dä sau stolt un frie,
Wör keine — dö öhr gliek.

Wör keiner — dä se je besat,
Wör keiner — keine Seele,
Wör keiner — dä se seihn mal hat
                dä EINE ohne FÄHLE.
Wör keiner — un so veele kamen,
Wör keiner — in sienem Lewen,
                nich einer, dä e kennt öhren Namen
                von dä Einen, dä et nie e geben.

Is keiner ohne Fehle;
et dröggt ok Diene Seele
Freud und Leid.
Dröggt leicht, dröggt swar in veele Stunden,
bet dat se endlich hennefunden
taur Ewigkeit.

„Birkenwald" Radierung von Ellen Kresky

Susann

Dä Heckenrosen gräunt un blaumt am Waldesrand,
dä Berken hätt en niet Gewand
un junget Loow dreew Klee un Kruut.
Jetzt rut, wat lang im Schapp hat rauht:
Dä Wanderstöcke, Ranzen, Haut
un denn taun Doore rut.

Susann, nun wüllt wie wandern,
wüllt singen mit dä Andern,
dorch Heide, Wald un Feld.
Un abends, wenn dä Duwer schriet,
tau Bett, tau Bett, ward' höchste Tied,
slapen undern Steernenzelt.

Susann, dä Sommer steiht in't Land,
dä Heide hat öhr roet Band
utbreit ower Berg un Tal.
Ut Struk un Boom dringt Vogelsang
begleitet uns op usen Gang,
durch dä Heiden purpurn Saal.

Susann, wie rasch dä Tied vergeiht,
dä Buttenmann am Waldrand steiht,
verblaumt is Heid', is Klee.
Dä Kraniche kreist owern Tal,
sammelt sik taun letztenmal
un raupt: „Ade, ade".

„Schwarzer Weg" Radierung von Ellen Kresky

Stine Suhr

Stine Suhr, dä ole Tante,
war dä nächste Anverwandte
von Nichte Grete Lühr.
Söll Tante Stine einmal starwen,
det Grete Lühr sei denn bearwen.
Drum was for dä Nichte Lühr
dä ole Tante leiw un dür.

Tante herre Huus un Garen;
Grete moßte Tante wahren
bet dä Tante wär e storben.
Doch dä ole Gouvernante
Grete Lührs so rieke Tante
hat dat ganze Speel verdorben.

Stine Suhr dacht nich an't starwen;
Grete Lühr woll nist mehr arwen;
as sik öhr ne Chance bot.
Grete frie nen rieken Mann,
fung nochmal von vorne an.
Drei Dage darop war Stine doot.

Gäw et tau allem Oberfluß
nich ok Sorjen un Verdruß,
Du kämst denn balle tau däm Schluß:
Et mott ok Ärger, Fesseln geben
sonst wör tau fade use Leben.

„Dä Beernboom" Radierung von Ellen Kresky

Tau Enne

Tau Enne geiht mien schöne Droom,
kahl steiht am Weg dä Lindenboom,
dat Loow flüggt drög umher.
Ik kiek dän Garenweg entlang,
da steiht dä steinern, leere Bank,
dä opne Garendör.

Wie lange duurt et, fällt dä Snie,
deckt tau mien Droom, denn is't vorbie,
wat sleiht mien Hart sau swaar.
Wenn wedder gräunt dä Lindenboom,
denn seuk ik mienen olen Droom
dat ganze lange Jahr.

Noch hool ik öhn mit beide Hänne,
doch spör ik et, et geiht tau Enne,
flüggt wie dat Loow umher.
Ik kiek öhm nah, ik möchte schrien,
hei was sau schön, hei was doch mien,
wat ward mien Hart sau koold un leer.

Noch nich

Dä Klock — dä sleit,
dä Tied vergeiht,
Du warst et kuum gewahr.
Op einmal, süh,
fällt witt dä Snie
un farbt Dien fienet Haar.

Du blinzelst rin in'n Sunnenschien
un denkst, wie kann et möglich sien,
wie is dä Tied so rasch vergahn. —
Du kickst op Diene welken Hänne,
Du feulst et, siehst dat Ziel, dat Enne
am Tun, biem kahlen Beernboom stahn.

Nich rasten, rauhn, veel noch tau daun
giwt et for't Hart un Hänne.
Ist mal sau wiet, du leiwe Tied,
denn is dat Speel tau Enne.

Treue

Et deint im Dörp biem grooten Bur
sau veele Jahr schon, Friedchen Suhr,
ohne Rast un Rauh.
Dä Tied verging, Herrgott, wie dull,
nu sünd sogar schon fuffzig vull,
dat Haar word fien un grau.

Taum olen Bur kam rasch dä Dood,
dä Junge brocht öhr Hart in Not,
hei wör sau gut.
Wenn't nahher ok ganz anners kam!
Et hulp dä Tied, sei könn nich gahn,
tru höll sei bie öhm ut.

Mien Gott, wohen is alle Tied,
wenn man von achtern sei besieht,
ging op un daal.
Was alles grad so wie en Droom;
erst gräunt, denn blaumt dä Appelboom
un naher ward hei kahl.

Je nun, dä Tied, dä bringt dat Enne,
sau stief, sau mäue sind dä Hänne,
dä Gang sau swar.
Manchmal seggt tau öhr leis dä Bur,
hullt an, mien leiwe Friedchen Suhr
un striekt öhr sanft dä Hänne.

Striekt owert Haar, sau fien, sau sacht,
se kiekt sik beide an un lacht,
dat is wie'n Licht in Abendstunn.
Oft sitt't sei beide op dä Bank
un kiekt dän Garenweg entlang, —
se wett't warum.

Twölf Jahr old ward mien Deern

Twölf Jahr old warst Du hüt, mien Deern,
nun süh, wie rasch dä Tied vergeiht.
Ik wett noch, wie mit Nadel, Tweern,
Dien Mudder hat dä Windeln neiht.
Ik wett noch, wie biem Lampenschien,
Dien Mudder mak dä Weeg taurecht
un hör Dik erstmals luthals schrien,
as sei Dik in dä Weeg hat leggt.

Denn kamm dä erste groote Wenne,
Du moßtest nun taur Schaule gahn,
taun ersten mal an Mudders Hänne.
Ik keek, blew inne Husdör stahn.
Manch Lied sung ik taur goden Rauh,
woll Dik dä Sandmann noch nich packen;
fall'n endlich denn dä Oogen tau,
denn striekt ik Diene ros'gen Backen.

Wörst Du mal krank, Du konnst nist äten,
wat wör dat for ne groote Not;
an Dienem Bedde hew ik säten,
bet alles wedder wör in Loot.
Nun süh mal an, twölf Jahr ist't her,
dat Mudder det dä Windeln neihn,
mik is't, as wenn et gistern wör,
ik hew for Glück dä Tied nich seihn.

Mien Deern, tau Dienem twölften Feste
wünsch ik Dik veel, veel Sunnenschien;
glöw et mik, dat is dat Beste,
bloß rein un golden mot se sien.
Davon mag Gott Dik rieklich geben,
hult nur recht wiet dat Herze open.
Hast goldene Sunne Du im Herzen,
dat annere kummt von sülwst gelopen.

Ik drück Dien Hänne, küß Dien Mund:
bliew tru un wahr, bliew stets gesund,
denn bist Du riek tau jeder Tied.

„Frühlingswiese" Radierung von Ellen Kresky

„Schneeglöckchen" Radierung von Ellen Kresky

Un alles dat is mien

Süh dä blanken Oogen
von mien leiwet Kind,
wie dat Meer sau deipe
und wie klar se sind.

Süh dä lüttjen Feute
un dat Haar sau fien,
dä Mund so zuckersäute
un alles dat is mien.

Hör, dat Hart sleit warme,
mien is vull Seligkeit,
wenn op miene Arme
et tau Bedde geiht.

Denn sitt ik un sinne
in dat Schummern rin,
alleen mit Gott — mit mienem Kinne.
ik ween, weil ik sau glücklich bin.

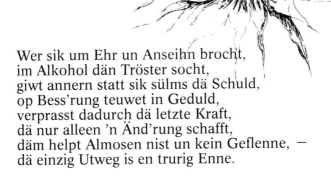

Wer sik um Ehr un Anseihn brocht,
im Alkohol dän Tröster socht,
giwt annern statt sik sülms dä Schuld,
op Bess'rung teuwet in Geduld,
verprasst dadurch dä letzte Kraft,
dä nur alleen 'n Änd'rung schafft,
däm helpt Almosen nist un kein Geflenne, —
dä einzig Utweg is en trurig Enne.

Katrin

Katrin is oppewacht, midden inne Nacht.
Da was doch watt, klopp' an öhr Fenster an?
Wer kann dat sien, watt will dä Mann?
Söll dat etwa Erwin Kruse sien?
An dän se veel denkt, öhn so geern mag lien?
Dä mit öhr e danzt hat, als't Turnfeste wör
un sei nah Huus begleit' hat, bett for öhr Dör?
Seitdem dreiht dä Gedanken sik veel um dän Mann.
Ick wünschte, hei wörr et, dä an't Fenster kloppt an.
Ick wünscht, hei det fragen: hast leiw mick, Katrin?
dör bie Nacht ick woll instiejen, du warst endlich mien?
Ick wünscht', ick läg in sienem Arme,
könn mit öhne glücklich sien,
det mik küssen, drücken, sejjen,
hult mick ganz, ganz fest, Katrin.
Alles könn ick for öhn daun, wenn hei mien nur wär,
alles könn ick for öhn laaten —
da pocht wat anne Kaamerdör.
Von twei Sieten drängt man sei —
Katrin sitt inne Falle:
Kloppt man jue Finger wund, watt jie willt, willt se alle.
Doch dä Stimme hinder dä Dör,
mien Gott — könn dat denn möglich sien?
Dä kennt sei doch, dä bitt't un bettelt,
laat mick endlich rin, Katrin.
Ut't Bedde störrt herut, Katrin,
rennt taur Kaamerdör,
slutt op, un watt da steiht un lacht,
is nu endlich öhr.

Weegenlied

Use witten Gäuse — Kind —
längst tau Bedde gahn schon sind,
slapt schon lang im Stroh.
Du, mien Deern, Du wutt nich slapen,
hast noch glue dä Oogen apen
un lachst noch sau froh.

Hör nur, wie us Hektor bellt;
in dä wiee, wiee Welt
treckt dä Maan sien Bahn.
Morjen sast Du Hektor packen
sast im Sanne Kauken backen
un spazieren gahn.

Ticke, tacke geiht dä Uhr,
Stunn um Stunn in einer Tour
bet an usen Doot.
Wenn se aber nich mehr sleiht,
wenn se — bums — mal stille steiht,
bist Du woll schon groot.

Dä Wind kümmt hüte Amd vom Moor,
hei speelt mit use Schünendoor
un ritt et apen.

Use Stadt

Wie hett un user lüttjen olen Stadt dat,
wat selten woll noch eine hat.
Dä Tied is leis, ohn' Hast vorrober gahn,
man sölle meinen, hier blew se stahn.
Dat is noch so as ging op Schritt un Tridde
dorch dä Gassen, dorch dä Straaten,
dat, wat mal was, an diene Siete midde,
wat uns dä Olen hinderlaten.
Is dat, wat von Generatschon taur Generatschon
e schaffet word, mit Fliet, mit Utduur, wiederdragen
ower Raum un Tied henweg bet in use Dagen.
Noch staht de höltern Bänk neben veelen Dören,
gräunt un blaumt vor'm Huus dä Lindenboom.
Dat sünd de Stell'n, de dä Klönsnakplätze wörn
nah, Fieramd, hüte noch, vorr hunnert Jahren schon.
Dä iesern Swengelpumpen, dä ut deipen Grund
wie eh un je dat Water süggt, dat rein is und gesund.
An disse is dä moderne Tied vorrower gahn,
man hat se owerseihn, sei bleben stahn.
Un dat lett hoffen, dat bestahn noch bliwt,
wat et an Tradition in use Stadt noch giwt,
lett hoffen, dat dä Rat in use Stadt
noch Sinn un Ehrfurcht für dat Ole hat,
wat uns dä Ahnen hinderlaten,
noch hier un da sik präsentiert
an Hüsern, in dän Gassen, rechts un links
an dän Koppsteinplaasterstraaten.
Ik woll, ik könn nochmal mit Hinnerk Glas,
dä noch forr fuffzig Jahr'n hier Nachtwächter was,
owern Wall un dorch dä Straaten gahn,
taur middernächtjen Stunne sien Tuthorn hörn
un mit öhne oppen Marjtplatz stahn.

Vorrharwest

Wat im Winne ahnend lijjt
sind det Abschieds herbe Töne,
wat im Näbel driwt un flüjjt
is vom Harwst dat Bunte, Schöne.
Wat an stillen Wäjen grüßt,
roe Butten, leere Neste,
wat dä Tau hat netzt un küßt
sünd der grooten Liebe Reste.
Wat in Stoppeln jetzt noch steiht,
schaalet Krut vergahner Daage,
wat im Schummern slapen geiht
is ne stumme, stille Klage.
Wat noch bleew von Sunnenpracht
truert meuh in wieen Kreise,
wat an Steinen hockt bie Nacht
pustert, wispert, bang un leise.
Kinner sind — tau spät geboren,
von Öllern, dä e storben sind,
gaht in Nacht un Frost verloren,
nimmt op dä Reise mit dä Wind.

„Day's End"   Radierung von Ellen Kresky

Verlaten

Du bruukst, mien Kind, darum nich weenen,
dik kann nur helpen Kraft un Tied.
Ick wett, wie't is, wenn Hoffen, Sehnen,
zerzaust, zerflattert inne Goote liet.

Ik wett, wie't is, wenn dä Kelch e sprungen,
sik allen Glücks in Qual entleert
un dat, wat gistern noch so schön e sungen,
wejgeiht un nich wedderkehrt.

Tranen, Kind, sünd dä Gedanken,
dä unentwegt op Reisen sünd.
Et sünd dä wirren, irren, kranken,
dä verlornet seukt — nist wedderfind'.

So geiht et ok mit diene Klage,
dä irrt un schwirrt im Ruum umher,
sast seihn, sei find't un bringt taurügg dä Dage
un du weenst keine Tranen mehr.

Wer veel begehrt, is en Nimmersatt;
wer veel vertehrt, balle nist mehr hat;
twei miese Sachen mot man meinen.
Dat eine schafft dän Oberfluß —
dat andere fritt dän Oberschuß
un beider Enne is ein Schluß
mit Klagen un mit Tränen.

Gue Nachbarn und derglieken
sind nich nur wat for dä Rieken;
is wat, wat sik jedermann,
wenn hei nur will, erwarben kann.
Wer gue Nachbarn hat tau eigen,
dä sall sik ebenbürtig zeigen.
Denn dat erst giwt dä Fründschaft Leben,
hast Du dien Deil datau e geben.
Nur so hat Sinn, schafft Freud un Kraft
dä gesunne Nawershaft.

Alma Pieper

Ik hebbe oft in mienem Leben an eine Frue denken mößten, dä ik vonne Kindheit her in Erinnerung hebbe. Alma Pieper heite sei un was Botenfrue in use Stadt. Et gaw damals noch twei Botenhändler im Orte, dä bedreben aber öhren Handel mit Peerd un Planwagen.

Alma Pieper aber hat ower vierzig Jahre lang öhren Handel midde Kiepe oppen Rüjjen, rechts un links je einen Korf mit Dekkel inne Hänne, bedreben. Sei mott schon hoch inne fuffzig Jahre old e west sien, als sei ok in usem Huse in- un utgahn is. Öhr Rüjjen was nah vorne beuget, dat hat dat Kiependragen durch all dä Jahre verursacht. Sei was ne stille, bescheidene Frue. In öhrem Gesicht stund immer ein fienet Lächeln, so als wörr sei immer taufreen un uteglecken. Öhren Robert herr sei verloren, als hei oppen Bue verunglücke un nah en langen Krankenlager e' storben was. Miene Mudder wußte mehr von öhr, hat aber nie davonne vertellt. Tau use Mudder herr se besonderet Vertruen. Ofte hat Mudder öhr Kaffee annebon un Alma pausiere denn bie us. Wie Kinder, mien Brauder un ik, hett veel Gues von öhr e hat. Daforre moßten wie ofte öhre Körbe dragen helpen. Twei Dage inne Woche schrew Alma Pieper Bestellungen von öhre Kunden innet Bauk; taun Wochenende liebere sei un räke midde Kunden aff. Öhr Kundenstamm war nich groot, aber gut. Sogar dä Amtsgerichtsrat Röder, Doktor Scholz, Notar Heine, Bürjermester Heine, dä Afteker Voss un andere tellen tau öhrem Stamm. Immer fründlich, ehrlich, man konn öhr gut sien. As ik biem Vader inne Lehre wör, im dritten Jahr, da was Alma Pieper um tein Jahre älder e' worrn. Un dat sach un merke man öhr an. Dä Rüjjen was noch krummer e worrn, dä Gang langsamer un öhr Gehör herre ok nah e laten. Veele, ok miene Öldern, herre öhr schon ofte raan, Schluß tau maken; sei stappe awer immer wedder los, herr keine Rauh taun stille sitten.

Intwischen war ik Geselle in einem Betrieb in Hamburg, kamm tau de Fierdage mal nah Huus. Von Alma Pieper word denn immer vertellt. Vader meine einmal: Ganz lange maket sei dat nich mehr midde, et geiht gewaltig bergaw.

As ik im andern Jahr tau Wiehnachten tau Besuch bie de Öldern was, da was Alma Pieper schon twei Wochen begraben.

Wie se tau Doe koomen is, dat hat mik so e packet un erschüttert, dat mik dat veranlasse, ober öhr Leben wat optauschrieben. Vader un Mudder hett mik von öhrem letzten Gang vertellt.
Bitter koold is et dän Dag e west un dä Snie hat kniehoch e läjen, als Alma Pieper nah dä Bahn e stappet is. Ok miene Öldern herren sei aweraan, dän Dag tau reisen. Alma awer, wie immer, höre nich op dä guen Ratschläge.
Gejen söss Uhr abends kleddere sei ut en Zug. Wie immer hat öhr dä Schaffner Behrens dabie e hulpen. Weil et tau einem starken, stürmischen Sniedriewen e koomen was, hat Behrens öhr e raan, sei söll im Wartesaal teuben, bet hei Fierabend herre, hei woll öhr denn dä Kiepe nah Huus hen dragen. Erst schiene et so, nah Behrens sienem Vertelln, als wäre sei inverstahn. Denn isse awer doch los e gahn, nahdem Behrens öhr dä Kiepe wedder oppehucket herre. „Wenn dat man gut geiht", hat hei noch e dacht un e meint.
Als morjens gejen söss Uhr Postbote Steinmetz dän Weg am oolen Kerkhoff passiert herre un dän Weg taur Post lang ging, da stolpere hei — wie hei taunächst dachte — ower eine Sniewehe. Dabie was vonne Kiepe dä Snie e löset. Et was düster, Steinmetz räume midde Feute dä Sniewehe wej un da kippe dä Sniewehe umme.
Damidde ok Alma Pieper mitsamt Kiepe vornower. Mit Hänne un Feute hat Steinmetz e buddelt, wußte denne, wat et mit de Wehe op sik herre. So rasch hei lopen konn, is hei taur Post e lopen, hat Dr. Scholz anneraupen, dä nah 'ner halben Stunne dän Dood von Alma Pieper bestätigen det.
Anna Mölders un öhr Mann, dä midde Bahn nah Bronswiek feuern wolln, sind nich e feuert, so herre sei dä Begebenheit erschüttert. Dä ganze Stadt hat Anteil e nomen an Alma Piepers Dood un Beärdigung.
Noch am Beärdigungsdag hat dä Notar Heine mit Schrieber, mien Vader als Sachverstänniger un Anwalt Kruse in Almas Wohnung oppeteiket, wat an Mobilar un anderet Material vorhanden was.
Als im Wäscheschrank naheseihn word, watt da inne was un notiert word, da fund man einen Slöttel, dä tau dä Truhe passen det, dä inne Stubenecke stund. Da inne waren Gejenstände, dä de Herren in Staunen versetten. Silbersachen, goldene Andenken, Porzellan von besonderer Qualität. Oben op hat en Umslag

e läjen, dän se oppemaket hett. Drinne kam Alma Piepers Testament tam Vorrschien, in dem stund: Ik bekenne: Als ik sösstein Jahre old was, hat mik dä Malermester Lamprecht in annere Umstänne brocht. Bie miene öldere Swester Anna, dä in Langenhein schon verfriet was, is dä Junge taur Welt e koomen. Dä Vader Lamprecht hat mit veel Geld alles e regelt. Dä Junge is op dän Namen Albert Kohrs e dofft un is bie miene Swester un Swager groot e worrn. Use Herrgott mott mik miene Sünne verzeihn. Wer dä Verhältnisse von damals e kennt hat, wett, warumme ik so handeln moßte.

Öldern, ok mien Mann, Robert Pieper, hett nie wat erfahren. Malermester Lamprecht, dat will ik öhn tau Gue räken, hat Jahr um Jahr däm Jungen veel taukomen laten. Im Holtstall, inne rechte Ecke nah'n Garen tau, hebbe ik mit Bredder bedeckt, ne' Kassette stahn. Dä Slöttel datau liet op däm Balken anne Längssiete. Inne Kassette sind achthundert Daler. Na mienem Dood sall Albert Kohrs alles, wat inne Truhe is un dat Geld arben.

Hei is verfriet inne Kreisstadt, wo hei in eine Bäckerie innefriet hat.

Dat Erstaunen von dä drei Männer was enorm. Bet inne Nacht hett se socht, ordnet, oppeteiket un am Schluss e sworen, keinen Minschen wat tau vertellen. Veele Jahre späder bin ik aber doch inneweiht worren. Von Alma Pieper köre kein Minsche mehr.

Als ik an einem Doensönndag op dat Ölderngraff Kranz un Blaumen leggen det, da hebbe ik ok an Alma Piepers Graff e stahn. Wer da ok Kranz un Blaumen op e leggt herre, konn ik nur ahnen. Mik aber was Alma Pieper in dissem Oogenblick gegenwärtig und dabie word mik klar, wat dat ewig fründliche, fiene Lächeln in öhrem Gesichte bedüt hat. Vermutlich hörr sik da inne öhr Geheimnis verstoken.

Alma Peters

Alma Peters hat 'nen gesunden Jungen geboren un hat Ernst Helms als Vader annegeben. Dä awer hat dä Vaderschaft awwestretten un behauptet: Henken Fritze und Karl Pahlmann herren ok Beziehungen mit un tau Alma Peters e hat. Alma awer bleew bie öhre Utsage, Ernst Helms un kein Anderer käme in Frage. Nur mit öhne herre sei intimen Verkehr e hat. Wat Ernst Helms siene Mudder was, Dora Helms, mit dä was nich gut Kirschen äten.

Als sei von däm Spektakel Wind e krejen herre, da hat Ernst Helms keine guen Daage mehr e hat. Weil dä Junge, vielleicht ok ut Angst midde, stur dabie bleew, hei könne dä Vader nich sien, hat sik siene Mudder nah un nah beruhigt. Sei was nun vonne Unschuld öhres Jungen owertüjet un namm Partei for öhne. Dadurch kamm et taun grooten Klatsch un Tratsch im Dörpe. Alma Peters bleew nist anders ower, sei ging nah'n Anwalt un verklage Ernst Helms op Underholt.

Dora Helms, als dä Gerichtsbescheid kamm, traktiere nu öhren Jungen Dag for Dag damidde un bleue ne in: „Du bliwst stur un ewig dabie: Herr Richter, ik was et nich. Da koomet ok noch andere in Frage. Da bliwst du bie un denn wüllt wie doch mal seihn, wie et midden Recht bestellt is."

Un denn was dä Dag da, wo Ernst Helms for en Richter utsejjen moßte. Nahdem dä Richter un Verteidiger ower eine Stunne Ernst Helms inne Tange hat herren, word ne Pause innelejjt. Bet dahenn herrn se Ernst Helms noch nich owerführen können. Denne ging dat Verhör nah twei Stunne wieder. Dittmal herr dä Fragerie awer en ganz anneret Gesichte. Paarmal herren öhn schon dä Gerichtsvorrsitzenden ganz schöne inne Klemme kört und öhne inne Verläjenheit e brocht. Jetzt faate Alma öhr Verteidiger Ernst Helms mit 'ne Fragerie ut, dä öhne schwach maken det. Dä Verteidiger fraug öhne: „Künnt Sei sik owerhaupt darinner denken, wie dat for en Kind is, dat ohne Vader opewassen sall? Wie dat is, wenn dat Kind erstmal so wiet is, dat et mit annere Kinder rumlöppt un et wett denne schon un kennt Sei als Vader? Sleiht denne öhr Gewissen nich, wenn Sei einet het und dat Kind sprikt Sei mal mit Pappe an? Denken Sei mal an Berta Hausmann ut Lennendörp, dä mit öhr Kind in't

Waater ging, weil dä Vader sei in Schanne sitten leit und weil dä hartliebige Mudder düsse Dochter un Kind inne Hölle wünschet hat? Sowatt tahlt sik nich ut, is un bliwwt 'ne Schanne."
Dat, wat dä Verteidiger da jetzt öhne vorreholn herr, dat bleew nich ohne Indruck op Ernst Helms. Mit einmal, nah 'ne korte Pause, kamm et lut un dütlich ok ut sienem Munne rut: „Gut. Ik bekenne mik taur Vaderschaft. Unglücke will ik nich op mik lahn, wenn ok Mudder dagejen is." Denne rullen öhne paar Tranen dä Backen runner, awer nich nur öhne.
„Gott sei Dank", stöhnten Richter, Verteidiger un Schöffen, „dat isse schaffet un taun Guen utegahn."
Dä Richter sä denn taur Protokollarin: „Schriewen Sei: Dä Junggeselle Ernst Helms usw. usw." „Nun", sä dä Richter tau Ernst Helms, „hewwe ik noch eine Frage: Wie is et hier midde?" Hei reew dän Dumen vonne rechte Hand an sienen Zeigefinger, dat soveel heiten soll: Wie is dat midden betahlen von Unnerholt? Dat verstund Ernst Helms awer ganz falsch. Hei word ganz rot un verläjen als hei sä: „Nee, Herr Richter, so gemein bin ik ja nu nich. Dat mag ik Alma un dän Jungen nich andaun. Ik will daforre nist hemm, nee, dat will ik nich."
Dat verholene Gelächter op dä Richterbank verstumme, als Ernst Helms laut verkünnen det: „Ik dau Alma frien!"

Letst du dik op Wöre in,
prüfe öhren Inhaltssinn.
Du wedst, Gedanken dä sünd frie,
wat se meint un weert sünd, wett man nie.

Wer Erfahrung hat un darut lehrt,
wat Wöre utseggt, wat se weert,
wer Gedanken läsen kann,
dän schitt so licht kein Blendmann an.

Bus 33

Dä Begäbenheit, dä ik tam Besten geben möchte, hat sik vor ower einem Jahr tauedragen.
Anne Haltestelle Schwefelbad in Fallersleben stun'n an jünnem Sommermorjen twei Frunslüd, ein ölderer Rentner un ik. Dä Rentner herre en Plastikbüdel inne Hand un et sach sau ut, als herre hei in däm Büdel 'n Pott.
Dä eine Frue was wie ne dubbelte Portion, groot un stark, dä andere herre nur dä Hälfte davonne. Dä „33" kamm an dissen Morjen nich fahrplanmässig. Fief Minuten Verspädung herre sei schon. Alle veiere pielen in Richtung Kurwe, wo se ja runter koomen mosste. Se kamm un kamm nich. Dä Rentner was schon ganz nervös, trappele hen un her un säh: „Dat mag wat geben, dat mag wat geben, wenn se nu garnich kummet. Mößte doch längst hier sien." Dä Korpulente hörte ik seggen: „Das is mich komisch, misste doch schon gekummen sein, die." Dä halbe Portion säh: „Villeichten kommt se jarnich, kann mers wisse?"
Dä Bus kamm nich. Dä Rentner: „Wenn dat noch lange duurt, krieje ik dä Katuffeln nich mehr gar; denn gue Nacht, Emil." „Wett' Se", sprok mik dä Rentner an, „wat miene annere Hälfte is, dä herre for hüte sik Pellkartuffeln un Häringe bestellt. Dat it se sau geerne. Und nun? Ik mag garnich anne denken, wat passiert, wenn et nich hennhauen deit." „Is dä Mamme denn sau arg?" fraug ik öhn. „An sik ja nich. Wett'se, ik bin Rentner un hole dän Huushalt in Ordnung, kümmere mik ok um dä Äterie. Wenn dä Mamme ute Schicht kummet un dat Äten is nich fertig, denne kann se gewaltig tünsch weern. Dä krijt et fertig, smitt mik en Häring patsch in't Gesichte." „Donnerweg!" kann ik daroppe nur antwörn. „Wat sall ik bloß maken, wenn" — da kamm dä Bus angefeuert. Aber wie? Wie ne Schnecke kroope op dä Haltestelle tau. „Mein Jott", säh dä Korpulente, „endlich!" Im Bus, man konnt' nich faten, saten lachende, fröhliche Minschen. Dat kläre sik op, as dä Fahrer wedder 'n Witz vertelle. Hei entschullige sik wäjen eine Panne, un denne kroop dä Bus bedächtig wieder. Dä Rentner, dä gejenober vonne Korpulente saat, sprung op, ging tam Fahrer un säh: „Geiht et denn nich dulder? Son betten Teff! Teff! rascher." Dä Fahrer lache nur un nicke mit'm Kopp. Verstahn herr hei kein Woord, plattdütsch

verstund hei nich. Jetzt vertelle hei dä Korpulenten dat, wat hei mik schon vertellt herre. Vonne Katuffeln un Häringe un dat hei sik garnich nah Huus trun det. Dä Korpulente höre tau, deet sau, als op se alles verstahn det; det se aber nich. Sei säh taun Rentner: „Mannche, derre Bus is krank, dessentwejen." „Ja denne", säh dä Rentner, „da kann man mal seihn, da sett't dä Stadtwerke dän armen, kranken Mann an't Steuer, dat is nich tau begriepen. Dä gehört in't Bedde. Hei kann mik leid daun." Denne aber, endlich kamm dä Bus bie Hertie an. Dän Rentner sach ik noch umme Ecke flitzen, dä Plastikbüdel swenke op un dal. Dä Korpulente lejje öhre rechte Hand op miene Schulder un lache un säh: „Dat arme Mannche! Wo mach er denn die Pantuffeln jelassen han? Untert Bette vielleicht?" Dä halbe Portion lache ok, wußte aber nich warumme. Ik bin schmunzelnd wieder e gahn un dachte an dän Fahrer vom Bus. Was ein vonne Famosten. Un morjen, dachte ik, maakste dik ok Pellkatuffeln un Häringe tau Middag, — piekfein.

Wenn einer kümmt un tau Dik seggt:
wie geiht mik dat erbärmlich slecht,
kummt hinnerum opt pumpen,
giw nist, laat Dik darop nich in,
et sünd meist groote Lumpen.
Doch kümmt mal einer, dä in Not,
fröggt Dik nah Arbeit, bitt't um Brot,
sien Oogen sünd sau leer un groot,
dän sast Du gliek un rieklich gewen,
dat bringt Dik Glück, maakt Dik taufreden.

Seggt tau Dik einer: Hult Dien Snut,
kumm rinn un kör Dik binnen ut,
schenkt in, sett't Dik'n Stauhl taurecht,
son Minsche is bestimmt nich slecht.
Doch seggt Dik einer: Bitte schön,
steiht op — Sie woll'n schon wieder geh'n,
komplementiert Dik ute Dör
un schuwt ok glieks dän Riegel vör,
son'n Keerl striek mal grow dä Backen,
dän moßt Du hindern Kragen packen.

Dat Gespräch

Ik wett noch, wie freuher in veelen Dörpern uter däm Vorrsteher und däm Dorfkraug kein anderer en Telefon herre. Im Dörpe Öldersen herre dä Postholderie Lene Täger.
Wer mal telefonisch wat erledigen wolle, wat awer selten för kam, dä moßte nah Lene Täger. Meist hat Lene dä Gespräche for dä andern erledigt. Nun wör däm Bur Wilhelm Behne siene beste Melkkauh krank e worren. Sei lag oppe Siete im Stalle und stöhne fürchterlich. Dä Oogen stunnen wiet opgeretten im Kopp, dat Lief wör upgedunsen und wör prall wie ne Trummel. Frida Behne jage öhren Wilhelm los nah Lene Täger. Dä soll Dr. Lüders anraupen und öhne dringend herbestellen. Sei söll awer öhne ok fragen, wat se in dä Twischentied anstellen moßten. Wilhelm im Drab los nah Lene. Wie hei da nun ankummt, mott hei von dä twölfjährige Dochter erfahren, dat dä Mamme mit'n Rad inne Kreisstadt e feuert is. Dunnerslag, so ein Schietkram! Wat denn nun?
„Onkel Behn", säh Liselotte Täger, „verbinnen mit däm Doktor, dat kann ik ok schon, midde kören moßt awer Du sülmst." Ohne Bescheid darf ik nich nah Huus koomen, dat wußte Behne. Un denne ok dä Lise, disse schöne, beste Kauh. Wilhelm säh: „Also los, in Deibels Namen." „Hier Lüders!" „Jawoll, Doktor! Hier Behnen Wilhelm, Sei kennen mir ja. Wedt se noch, vorijet Jahr, zu Wiehnachten, as wie Sei laten komen wäjen dat Rind, dat störrische Biest?" „Wer is denn am Telefon? Was is los? Wer spricht da?" Wilhelm taum Doktor: „Hei vasteiht mir – mich – nich. Hier Wilhelm Behne ist aus Öldersen." „Ah ja! Was ist los, Behne?" „Die Kauh, Doktor, dä Lise, liggt wie doot im Stalle. Seggt nist, kann se ja ok nich, dat arme Dier, jammert fürchterlich rum, die Kauh. Können Sei balle mal kommen? Wann kann sien das? Gut, gut, Doktor. Moment, Doktor! Wat können wir inne Twischentied maken – daun? Insmären!" „Sie haben sicher noch so 'ne Salbe, wo wir voriges Jahr das Rind mit eingerieben haben. Also, Frau Frida soll die Salbe dick auftragen und sie oder auch Sie tüchtig einmassieren. Bis nachher Behne, Tschüß!"
Hei hat innehängt!
Insmären un massieren hat e seggt!

Af, nah Hus. Underwegs blew hei stahn.
Dat kann ja woll nich angahn, nich stimmen.
„Du", säh hei tau siene Frida, „dä Doktor mott besopen e west sien oder dat Telefon stimmet nich. Wedste wat hei säh? Du söst dik dä Salbe, dä inne Ecke vom Stalle steiht, inrieben. Un denne sast Du oder ik dä Salbe inmassieren. Vasteihste dat? Kannste da klauk ute weern?" „Wat seggst Du da? Biste hier oben? Wat hat Lene denn da awehört?" „Lene nich, tau mik hat hei dat e seggt." „Meinst Du, dat hei dä Kauh un nich Dik e meint hat? Wat hast Du mit dä Kauh tau daun? Wie mött teuben, bet hei kummet, ehe wie wat vakehrt maken daut." „Mik massierst Du nich", säh Frida, „dat wär mik denn doch tau schinierlich." „Mik nich", antwöre Wilhelm. Beide stretten sik noch um Dit un Dat rummer. Frida woll un konn nich glöben, wat dä Doktor anneordnet herre, sette sik in en Stauhl un weene. As Wilhelm mit dem Salbenpott vorr öhr stund, kamm taum Glücke Doktor Lüders inne Dör.

Wer geerne sien Gesicht trakteert
mit Puder, Pasten et besmert,
mit roe Farben Lippen teert
un meint, hei könn dadurch vadekken
Häßlichkeiten, Pickel, Plekken,
dä is charakterlich nist wert.

Dä Owerraschung

Et was drei Dage nah Wiehnachten. Ik woll mik bie Walter Heine 'ne niee Taschenlampe köpen. Wer steiht da im Laden inne? Schorse!

„Wat deihst du denn hier?", fraug ik Schorse, „wutte ok wat köpen?" „Direkt nich", seggt hei, „miene Enkelin herre sik tau Wiehnachten en Fahrrad e wünschet. Öhr Vader hat awer e seggt, laat et erstmal Sömmer weern, denne kört wie mal daober. Nun bin ik am owerlejjen, ob ik öhr einet köpe."

Dabie blew et erstmal. Wie gingen denn tausamme ut dän Laden rut, blewen awer noch vorre Dör stahn. Ik fraug denn Schorse: „Wie gut was denn dä Wiehnachtsmann dit Jahr? Wie haste denn dä Daage rummere kreejen?" „Tu", sä Schorse daroppe, „mik is dat hier tau koolt taum vertelln. Laat uns bie Mombergs Willi mal'n Grog drinken." Ik was inverstahn.

„Ja", seggt Schorse, „wat giwt et da groot tau vertelln? Du wedst ja, wie dat hüte so is. For uns Olen is da nich mehr veel inne. Dä jungen Lüe, dä hätt noch öhre Heimlichkeiten; tuschelt un muschelt, speelt verstäken, damidde keiner for Heiligamd gewahr weerd, wat dä Wiehnachtsmann bringet. Miene Enkelin herre et am wichtigsten. Mit öhre Mudder was se dauernd am owerlejjen un hantieren. Ik kreeg ok mien Deil aw. Opa, du krist ganz watt schönet von mik. Opa, dat kannst du nich rahn, wat dat is. Opa, du freust dik ganz bestimmt daober. So ging dat Dag for Dag. Ik mott seggen, ik was wirklich en betten nieschirig e worrn! Na, denne was Heiligamd. Ik herre miene Dochter Geld e schenket. Dä Enkelin kreeg von mik en niet Kleed, mienem Swiegersohn hebbe ik, weil hei son grooten Dierfründ is, Brehm's Dierleben e schenket. As ik öhm seggen det, dat Bauk herre ower vierzig Mark e kost't da keek hei mik so von unne rop an, ik dachte, wat hat hei denn? Entwedder herre hei liewer en Sexobklärungsbauk e hat, oder hei hat e wußt, wat dat Bauk wirklich e kost hat. Ik kreeg en paar niee Handschen, dä de Piepern e stricket herre, denne noch sess Taschendeuker, weil miene Dochter nich hebben kann, wenn ik biem Snuuben dän Zeigefinger als Stütze anwenne. Denne noch ne Pulle Dubbelkoorn, paar Pakete Tabak un dän bunten Telder mit Krimskrams oppe. Un denne kamm dä groote Owerraschung. Ik mosste mik in'n Sessel setten. Miene Dochter vorwej, dahinner miene Enkelin. Dä hölln in beide Hänne wat, dat sach nah'n Kasten ut un was tauedecket. 'Opa', sä dä Enkelin, 'nun isset sowiet. Weil du immer so alleene bist, weil du so slecht oppe Feute bist, damidde du immer Gesellschaft hast, schenke ik dik dissen gälblauen Sittich.' Als Schorse dat seggen det, moßte ik laut lachen, konn mik gar nich beruhigen. „Wat lachste denn so dabie, is doch nist taum lachen. Mik was et nich taum lachen annedahn. 'Opa, freuste dik denn ok? Opa, wie salle denn heiten? Opa, du mößt öhne dat Spräken biebringen. Ok dat noch, dachte ik bie mik. Ik keek dän Vagel an, miene Dochter keek mik an un fraug: 'Freuste dik denn nich daober?' 'Doche', sä ik, 'doche'. Ik hebbe dat Muul nah rechts un nah links vertrecket un sau e dahn als op. Da war'n se denn taufreen. Kannst ja son Mäken dä Freude nich verdarben! Nun frage ik dik: Is ein Vagel inne Stuwe nich genauch? Un denn noch dat Spräken biebringen? Wie denn? Wat denn? Ik köre doch nur plattdütsch". „Verseuke et doch mal", säh ik tau Schorse, „oder op hamburgisch, wie 'Adjö, kleiner Mariner, oder: Tschüss mien Deern; oder: Hein bist du lameng?" „Wat issen dat?" fraug Schorse. „Dat hett sauveel wie: 'Klei mie mal.'" „Dat geiht nicht, wat sall dä Besuch denken, wenn hei son Schietkram kreihen deit?" Schorse bestelle noch twei Grogs un fraug mik: „Nun vertelle mal, wie et bie jüch tauegahn is." „Nich veel anders wie bie jüch ok. Je ölder man ward, desto wenniger interssiert einen dat ganze Gedaue. For junge Lüd un Kinder da hat son Fest noch en Sinn, aber for uns? Miene Enkelin, genau wie Diene, herret am iwrigsten mit Heimlichkeiten un Gedaue. Ik moßte allerhand jeden Abend anhören. 'Opa, ik schenke dik ganz wat schönet. Opa, du dörst aber nich Mamme utfragen. Opa, et is ganz wat persönlichet' un sau wieder un sau wieder. Ik dachte anne niee Piepe. Dat was et aber nich, dä schenke mik mien Swiegersohn. Ik kreeg 'ne Strickjacke, dä lag schon twei Jahre im Schappe. Dat was eine von Emma's Vader, nur herr Emma da 'nen nien Kragen annestricket. Dä Sönndagsschauh herr Emma niet besohlen laaten. Paar Pullen, Priem un Tabak von Mudder Prinzhorn öhre Marke. Denn noch 'ne Pulle Klosterfrue-Toilettenwater." „Wat", säh Schorse, „sowat ok? Berta reinigt use Kloset mit Seepenwater. So vornähm sünd wie nich." „Schorse", säh ik, „daforre is dä Kloster-

frue ja nich. Wenne Koppweihdage hast, Reismichtismich un so, denne riwwt man da Deile midde in. —
 Dän bunten Teller kreeg ik ok. Daoppe lagg 'ne Tube Mentadente for dä Täne. Ik nehme ja lieber Signal, dat is dä, wo se Marmeladenstriepen midde inntrecket hett. Dä is ok bäter gejen Parasosen". „Noch twei Grogs, Willi", reip ik nah dä Theke henn. „Tu", säh Schorse, „dat ward tau veel, dat is schon dä dritte Lage.
 Ja, von dä Enkelin haste nist e kreegen?" „Doche, dat kummt jetzt. Ik moßte inne Stuwe inträn. Dochter un Enkelin blewen anne Dör stahn un lachen vergneugt. Miene Enkelin was furchtbar opgeräjt. Denn sach ik oppen Disch dän Kasten stahn. Wie, dachte ik, 'n Fernseher etwa? Ik was ok ganz opgeräjt. Denne nahm ik dä Decke vom Kasten un lett mik in'n Sessel fallen. Dat was wirklich 'ne Owerraschung. Da stund en Käfig oppen Disch un dainne satt, mik beduernd, ein gräungälen Sittich." Jetzt was Schorse anne Reje mit Lachen. Hei leip hen un her, klappe inne Hänne un säh: „Dat issen Ding, dat issen Ding! Daroppe gewe ik noch en Grog ut!" „Ik satt da, wie Nauke am Sarje, konn nist sejjen. Miene Dochter plinke midde Oogen un säh: 'Freuste dik denn garnich?' Miene Enkelin stund bedeppert dabie. Denne awer wußte ik wat sik gehört. Ik hewwe dä Enkelin e drücket un ehr ower dat Haar e strieket, da war se denn taufreen. 'Opa, wie salle denn heiten', fraug se. 'Mal owerlejjen', sä ik.
 Wenn man fief Grogs intus hat, denne giwt dat 'ne Sorte Vagels, dä künnt Helleluja singen. Wie Schorse un ik anne frische Luft kamen, — Dunderlittchen! — Wie moßten erst mal klar koomen, wo wie waren. Dat wie ower dä Strate moßten, dat is gewiß. Wie sind los e gahn un herren glieks twei Autos vorne un hinne. Wie war'n midden oppe Strate stahn e blewen. Warum mit einmal Geschimpe un Hupkonzert uns owerfallen det, dat können wie üsch nich erklären. Denne waren wie aber rower. Veele Lüd waren mit einmal da, waren alle so fründlich, lachen un kören dummet Tüj. Wie beide slüren in Richtung Afteke, moßten bie Kiwitt umme Ecke. Da passiere et. Schorse woll im Sturm dä Ecke erobern, pralle awer mit Fräulein Prinke tausammen, beide lagen flach. Fräulein Prinke waren dabie dä Strümpe anne Knie opperetten, dat rechte Knie bläue en betten.

Sei kamm sofort wedder oppe Beine un sprook laut un dütlich dä Anklage.

Besoopen wie dä Swiene, von Schämen un Polizei was tau hören. Dän Aas versohlen, Waater owergeiten un andere Annehmlichkeiten poltern ut Frl. Prinkes Munne wie'n Waaterfall.

Schorse, dä sik bet op dä Knie opperappelt herre, blew öhr siene Antwoort nich schuldig. „Sei Nisznis, Sei Hauhnerstange, Sei Flitthexe, Sei willt uns Vorschriften maaken, uns beleidigen?" Wieder kamm hei nich, hei lejje sik wedder flach. Frl. Prinke was ganz rasch awehaut. Ik woll Schorse ophelpen, kamm aber in't Stolpern, konn mik gerade noch anne Muure affangen. Schorse siene Swägerin, dä umme Ecke kamm, verjage sik, als sei dä Bescherung sach. Sei fraug eine von dä feicenden Lüe, op denn en Unfall passiert, wäre. „Mott woll", säh eine Frue, „hei schient doote tau sien." Wer Schorse oppehulpen hat, wie hei nah Huus e koomen is, ik wett et nich. Wie ik nah Huus hennekoomen bin, wett ik ok nich. Ik sall op Fiekens Trittstein inneslapen sien.

Andern Nahmiddag lag Schorse noch im Bedde. Hei woll nist hören un seihn. Siene Berta make mik heite Vorwürfe. Sien schöne Anzug, wie sieht dä ut, säh se. Wo is dä Uhr aweblewen? Un denne dä Blamage datau. Dat Woord „Swiene" hat se awer runder e slooken.

Eine Woche drop dreip ik Schorse siene Enkelin. Ik fraug, wie et däm Opa ginge, ob alles inne Reje wedder was un wie et sienem Sittich ginge.

„Opa", säh dä Enkelin, „beschäftigt sik veel mit sienem Max. Hei sitt veel vorm Käfig. Mamme seggt, hei mott immer noch besoopen sien. Hei quasselt dauernd: 'Max segg mal: Schüss Hein. Oder segg mal: Hein, bist du lameng? Lameng! Max, los, segg dat nah'. Wo mag denn Opa dat bloß her hemm. Dat begrippt Max niemals. Wie maket uns um Opa Sorjen."

Wenn Schorse sien Sittich Max heiten deit, denne raupe ik mienen Moritz. Aber ok Moritz begrippt nist. Dat is allet mit'm Unnerschied. Manch ein Dier begrippt et rasche, manchet nie, seggt Emma. Kummt op dä Intellenze an. Wie ik bie Direktor Schulte dä Büros noch reinigen dät, da hat hei mik mal vertellt, wie hei in Afrika mal'n Papagei innefungen hat. Schon nah twei Jahren hörre hei öhne stubenrein e hat. Wenn dä mal hat kacken mosst, denn hatte laut e raupen: „Käptn! Papier!" Hat hei dat e krejen, denne hat hei dat Papier im Käfig utebreit un daoppe dä Musike fallen laaten. Was hei alles los, denne hat dat Dier laut un dütlich e raupen: „Käptn! Staulgang normal, Fall erledigt." „Aber Emma, dat has Du e glöwet? Dat giwt et nich." „Giwt et nich? Manche Diere sind kläuker wie dä Minschen. Kiek mal dä Affen taum Beispeel, dä sind kläuker wie Minschen, dä öhre Affen nich mal von Mombergs Gaststube nah Huus bringen daut." „Aber Emma!"

Dä Wedde

Fritze Dammann was Daakdecker inne Firma Hartmann & Sohn. Biem olen Hartmann was Fritze inne Lehre koomen un vorijet Jahr könn Fritze in siene Firma dat Fuffzigjährige fiern.

Op dä goldene Uhr mit Widmung im Deckel un dän guen Geldbetrag waren siene Frue un Kinder bannig stolz. Fritze aber säh: „Wenn se mik 'n Fatt Süllfellschen Doppelkoorn un hundert Rullen Priem e schenket herrn, herr ik mik genau so e freuet," Tau Fritzen siene Tied was Priemen un Sluk drinken noch groot in Mode. Priem, Süllfellschen Sluk un nich tau vergetten, kriemigen Harzer Keese, was forr Fritze dat Lebenselexier. Dat moßte siene Alma jeden Dag in siene Umhängetasche daun. Wehe, wenn da mal wat nich stimmen det. Jetzt, wo hei nich mehr daakdecken könne, beschäftige sik Fritze mit Geläjenheitsarbeiten. Von Enne Oktober an hat hei im lüttjen Holte am Laagberg Wehen e snetten un dä denn e bündelt. Wehen, dä man for Körbe un Kiepen bruuket. An einem Morjen trabet Schorse Nauke hen nah'n Laagholte, wollt Holt köpen. Hei denket, sast Fritze mal begrüßen. Fritze, dä gerade fertig war mit Freuhstücken, herre sik 'n Füer e maaket un woll grade dän Priem im Munne utwesseln. Nah dä Begrüßung säh Fritze: „Du, Schorse, wüllt wie um twei Rullen Priem wetten? Dahinne liet dä rostige Dose, wenn ik dä mit mienem Priem dräpe, betahlst du 2 Rullen Priem." „Fritze, dä drüppest du nich", säh Schorse, „op twei Meter dä Dose dräpen? Unmöglich, dä Wedde gilt." Fritze recke sik, dä Backen plustern sik knallig op un denne flog dä utgelaugete Priem durch dä Luft un klacks blew hei am Büssenrand kläben. „Donnerlüttchen", säh Schorse, „dat is ne Leistung", hei herr verloren.

Veier Wochen späder trabe Schorse wedder nahn Laagholte. Hei herre sik wat owerlejt inne Twischentied un woll nun Fritze rinlejjen. Also hen nah Fritze inne Wehen. „Na", säh Fritze, „wüllt wie wetten, dat ik midden Priem" — wieder kamm hei nich, weil Schorse awwewinket herre. „Ik wett ja, wat du kannst, laat dat hüte man sien. Aber segg mal, Fritze, warst du hüte schon bie Mudder Prinzhorn?" Mudder Prinzhorn herr inne Bahnhoffstraate öhren lüttjen Laden. Seit veelen Jahren verkoffte sei for de ganze Umgebung öhren gepfläjeten Priem, Snupptabak, Zigarren, Zigaretten, Piepen un andern Kram. Ok Fritze was seit Jahren bie Mudder Prinzhorn Stammkunde. „Warumme", fraug Fritze, „wat is denn mit dä Prinzhornsche?" „Ik wett et nich genau. Snoppen Lund und Snattjen Pieper krejen jeder twei Rullen Priem un bruukten nich tau betahln." „Wat sejjst du da? Un Fritze wett nist davon? Na, teuf, hüte Naahmiddag rücke ik dä Madam op'n Pelz." Schorse kenne Fritze genau. Hei haue af, verstook sik awer hindern Dorrnbusch. Un richtig! Fritze dat Rad her un denne mit'n Tempo einz nah Mudder Prinzhorn. Schorse lache sik ein un dachte bie sik, nun sind wie quitt. Wat sik bie Mudder Prinzhorn denn awespeelt hat, dat wett man nich.

Paar Dage darop — Schorse herr Fritze op dä änderen Straatensiete nich bemerket — da klatschet mit einmal genau for Schorse siene Feute ein Holtpantuffel op't Plaaster. Schorse verjage sik un ward gewahr, dat Fritze sik wütend ower öhn hermaken woll. Da hat Schorse rasch dä Ecke anne niee Straate nohmen un is awehauet. Paar Monate späder, op'm Schützenfeste, hat Lehrer Grefe dat Enne vom Striet vermiddelt. Schorse hat dä Dag veel Geld e kost't. Hei wett hüte noch nich, wie hei damals nah Huus e koomen is.

Gespräch inne Veihdrifft

Dat is doch Schorse dä da kummt? Tatsächlich! Morjen, Schorse! Morjen! Wo wutte denn sau freuh am Morjen schon hen? Ick will mal nah Ludjen Lüders rinkieken. Hei sall mick mal wat taurecht maken gejen Hunnewürmer. Gejen Hunnewürmer? Wie kummste denn daranne? Ik doch nich, Du Döllmer. Use Fiffi mot wekke hem. Berta seggt, sei hatte seihn, wie Fiffi oppen Hindern ower dän Teppich hen un her e rutschet is. Denne, seggt Berta, mot hei Würmer hem. Berta seggt: „Et wäre doch tau gräsig, wenn dä Würmer dän Teppich ruinieren dehn." Da hat se ja recht. Und denne ok noch deswäjen, weil dä Teppich 'n Arwtstücke is von öhre Großöldern. Ja, Denne!

Hüte Nahmiddag wird Oma Sliephake begraben. Gahste midde tau'r Beerdigung? Mot ick schon. Kiek mal, öhr Willi und Karl sind ok inne Schützen. Willi und ick sind inne tweite Kompanie. Ok, deshalb, weil Berta öhre Öldern und Oma Sliephake öhre Öldern veele Jahre hendurch Nawerslüe west sind. Gah ick nich midde, denn mot ick 'n Kranz köpen. Weste wat Kränze hüte kosten daut? Dat Geld kann ick sparen. Wat mag 'se denne hat hem? Vor viertein Dage leip se noch in öhren Garen rummer und denne, mit einmal, het et, sei is dote. Berta seggt, sei herre Alma Alpers e dropen, dä bie Sliephaken gejenober wohnt. Dä her öhr e seggt, Oma Sliephake harre Hämerien e hat. Hämerien? Wat is dat denn? Wett ick ok nich. Dat söllt, seggt Berta, ganz, ganz lüttje Diere sien und dä den sick in Kopp festsetten. Da gaw et denn keine Rettung mehr. Na, sowat!

Wat giwt et denn sonst noch niet? Haste Sonnabend in Lotto wat rutehalt? Nist! Dit Schietlotto! Ick woll all so ofte ophören mit tippen, aber kummt dä Friedag ran, denn lop ick wedder nah'n Kiosk. Jetzt tippe ick heimlich, wäjen Berta öhre Nörjelie. Midden Glück is dat so: Dat Glücke let sick nich rutfordern. Dat mot so unverhofft umme Ecke kom, dat mot dick owerfallen, ohne dat Du wat ahnst. Mit einmal is et da un smitt Dick umme. Awer da lur man oppe, kannst en witten Bart bie kriejen. Kiek mal, wie et midden Glücke geiht. Ick stahe Friedagnahmiddag anne Kioskecke und tippe mien Schien. Anne andere Ecke steiht Ewald Bartram und tippt ok. Mandag dräpe ick öhne anne Post. Na, frag ick öhm, haste watt gewunn' in Lotto? Ja, seggt hei, ick herre veire richtig. Siehste, so geiht dat midden Glücke. Disse Kettelflicker, disse Suput, dä siene Familie wien Hund behandelt, dä gewinnt und dä Anständigen, dä maket so. Schorse legge sien Zeigefinger quer under siene Näse und trekke blank, als hei dat sä. Weste wat hei noch sä? Hei sä, wenn ick statt dä tweiundvirzig dä dreiundvirzig e tippt here, denn her ick fiew Richtige hat. Tu! Dat herr ja woll noch e fählt. Kannste dick dat vorstellen? Kannste nich. Kannste aber nist gegen maken. Stell dick mal vor, segge ick tau Schorse, so einer gewinnt mal 'ne Million. Watten denne? Dat is alles möglich, dat liegt da inne. Tu, seggt Schorse, denn sla ick dän Kiosk kort und klein. So wat kann nich möglich sien. Nich möglich, seggst Du? Hüte is alles möglich. Denk doch mal taurüjje: Wie sind inne Schaule annefungen midde Fibel. Hüte hätt' se ok ne Fibel, dat is awer 'ne Sex-Aufklärungsfibel. Denk mal an dän oln historischen Piepenpal, dä anne Ecke stund, hinder Aldi. Jahrhunderte hat e da e stahn und schönet, klaret Dringwater e spendet. Afmontiert hätt sen und daforre dän schäbigen Brunnenring hennesett't. Jetzt wüllt 'se an dä Stelle ja ne Bedürfnisanstalt henbun. Tu, dat hole ick for sehr vanünftig. Oppen Kerkhoff, im Schloßpark, da mössten ok sonne Inrichtungen stahn. Nimm mal an, Du saßt for Berta und Fiffi inköpen. Du hast grade e freustücket, hast Gurken e getten und Melk oppe drunken. Underwäjens is dick dat schon komisch im Lief. Du steihst bie Mutter Prinzhorn im Laden und später bie Aldi, und denne wut Du noch Tabak köpen. Mit einmal kriggt dien Hindern virzig Fieber. Dä Swet brickt ut und Du denkest: Wo nun hen? Nah'n Schloßpark? Dat schaffste nich mehr. Rin nah Pieseke inne Eike. Schaffst et gerade noch dat Fieber aftaulaten. So ohne Vateer magste nich rutgahn. Du drinkest twei Boonekamp un noch 'n Bier. Dat war vakehrt. Du bist drei Mark los und most froh sien, wenn Du mit reiner Hose und Hemd bie Berta e landet bist. Siehste nun in, wie schön und richtig et is, wenn se sonne Anstalten bun den?

So, nun mut ick aber los. Berta mag denken, aha, mag se denken, dä vafluchte Kerl vasuppt bie Momberg sicher dat Geld forre Würmer. Fiffi, Du kannst mick leid daun.

Mak et gut Hermann! Du ok Schorse!

Dä Verwesselung

Et passiere am ersten Wiehnachtsdag. Gejen nejjene reip mien Fründ Hans an un fraug, op hei mik beseuken könne. Ik was erst forr paar Dagen ut'n Krankenhuse entlaten. Darumme reip hei erst mal an, ob sien Besuch genähm wäre. „Awer ja", säh ik un freue mik.
Nah eine Stunne ungefähr, was hei denne ok da. Et gaw veel tau vertellen. Et waren paar schöne Stunnen, dä wie beiden verköhrt herren, als hei mik verlaten det. Ik begleitete öhne bet vorre Husdör, winke öhne noch nah un ging taufreen wedder in miene Wohnung na oben. Nah acht bett tein Minuten klingele et wedder. Ik dachte, wer kann dat sien un ging na unne. Wer stund forre Dör? Et was Fründ Hans. „Mensch", säh hei, „ik hebbe mienen Autoslöttel verloren. Hei mott mik, wie ik dän Wagen awwesloten herre, statt inne Tasche, danäben anne Eere rutschet sien." „Hans", säh ik, „dat herrste doch awer hören mössten." „Hewwe ik awer nich." „Watten nu", fraug ik. „Ik mott mienen Swager in Sandkamp anraupen. Dä mott nah miene Frue feuern, dän Ersatzslöttel halen un öhne hierher bringen." Dä Vertellerie dreihe sik dittmal um Pannen sonner oder anderer Art, dä jeder schon erlewet hat. Na ungefähr vierzig Minuten was dä Swager da. Gott sei Dank! Mantel wedder an un dä Treppe runn. Ik herre mienen Mantel ok annetrecket, woll dä Beiden bet taun Wagen begleiten. Wie ik in miene rechte Manteltasche — wie gewohnt — griepe, herre ik dän verlorenen Wagenslöttel inne Hand. „Hans", reip ik, „kumm mal taurüjje, „ik hebbe wat e funnen." Da erst stellen wie fest, Hans herre mienen Mantel, dä fast genau so utsach wie sien, ok inne Farbe, annetrecket.
Dat gaw denn erst mal wundern un kume tau glöwen, sowatt, — denne awer ein dullet Lachen un Amüsieren. Op dissen Spaß hett wie noch en Glas Wien e drunken. Ik wett, et ward in Zukunft noch manchmal ower disse Panne e lachet.

Ernst Meineke

Sien Vader herre öhn dä Kate un dän Garen, dä daneben lag, hinderlaten. In den Stallungen herre hei den 12 Jahre olen Schimmel, drei Keuhe un so an dutzend Swiene stahn! Nejjen Morjen Land beackere hei.

Weil et im Dörpe Familien gaw, dä dat nich herren, kamm sik Ernst Meinecke als wohlhabend un als besserer Bürger vorr. Dummheit kennt keine Grenzen, so kann man woll seggen, wenn man Ernst Meinecke sien Opträhn beurdeilen will. Op inne Gaststube, bie Versammlungen oder bie Festlichkeiten, hei det sik immer wichtig un woll Irjendwer sien.

Dä Lehrer, dä Paster oder dä Grootburen, dä Koopmann un andere noch, hänseln öhne deswejen, gingen öhne uten Weg oder tuscheln ower dän Geernegroot un Angeber. Am slimmsten mosten siene Fru un Dochter Erna darunder lien. Hier konn hei sik so richtig als Pascha darstelln. Alles moßte na siene Allüren lopen. Erna, dat grade neggenteine e worren was, word in allen Belangen vom Vader e lenket. Mit öhr herr hei groote Grappen im Koppe. Erna söll mal standesgemäß frien. Da kamen dä Arbeiterburssen vom Sagewerk oder Straatenbu nich in Betracht. Hei herr ok schon siene Wahl e dropen un was immer am Grübeln und Daun, um siene Pläne dorchtausetten. Dän Tweitjungen vom Grootbur Schulze oder dä Inspektor vom Gute, dä wären öhne for Erna un siene eijenen Vorrdeile recht e wäsen. Et kamm awer ganz anders. Freilich, wat Erna als Person anging, sei herre dä Masche, um sonnen Ansprüchen gerecht tau weeren. Sei was zwar nich grade hübsch, sei konn sik awer mit Öhresglieken mäten. Dä Figur awer, Dunderlittjen, da stimme alles. Kein Wunder also, dat dä Burssen dulle hinder sei her waren. Veel Theater hat et deswäjen mit'n Vader schon e geben.

Taun Beispeel: Als Lothar Michel sei eines Abends mal taun Feste inlan woll, un sei vertelle dat biem Abendbrot, da hat dä Vader e seggt: Wat, disse Pinselquäler, disse Nistnich waget et, dik intaulan? Teuf, Bursse, dik bringe ik bie wer un wat Erna Meineke is. Sönne un ähnliche Optritte passieren öfter.

An einem Dag im Freujahr herr et ok mal wedder sonne Szene geben. Da hat Erna un öhre Mudder taun erstenmal e waget tau protestieren. Dat dat sonne Explosion utlösen det, dat herrn se nich inkalkuliert. Trotzdem; so könn et nich wiedergahn. Ernas Mudder was durch dissen Optritt wach un opsässig e worrn. Mit einmal was dä Stimmung im Huuse anders als vorher. Jetzt moßte sik Ernst Meineke veel Unangenehmet seggen laten. Hei was darober verwundert, blew awer stur. Denne — an einem Abend um Ostern — gingen Erna un öhre Mudder däm Hagen tau. Mit einmal fraug dä Mudder: Segg mal, Mäken, wän vonne Burssen inne Gemeinde kannste lien, wer käme for dik in Betracht? Erna antwöre verlejen: Twei Burssen kämen in Frage, aber beides wekke, dä de Vader aflehne. Einer was Lothar Michel, ein Maler. Ik seie ja in, bemerke Erna, dat dä wäjen sienen Beruf et nich sien kann, dä annere is Göken Heini. Hei is anseihnlich, is groot un stark, is solide, immer fründlich, dä wär mik recht. Aber Vader würre ok dän nich anerkennen, weil hei im Sagewerk arbeit. Göken Heini also, sinniere dä Mudder. Kummt awer oppe an, op hei dik mag, dat möt wie rutkriejen. Op disse Gewißheit bruken Erna un öhre Mudder nich lange teuben. Am Wochenenne ging Erna midde Harke un Geitkanne nahn Kerkhoff, um Gräber in Ordnung tau bringen. Ok Göken Heini was anwäsend un herr dä glieke Arbeit wie Erna vorre. Hei grüße Erna von wien — et nicke fründlich taurüjje. Ernas Gedanken waren jetzt up hundert Grad inneschaltet. Göken Heini ging et nich anders. Wenn hei jetzt mal käme, mik wat sejjen det, denne, denne — op hei rober kummt? Ik wär jetzt imstanne, öhne direkt wat tau fragen. Hoffentlich is hei nich so hille fertig mit dä Gräber un bliwt noch in miene Nähe, so simmuliere Erna un schiele immer wedder nah Hein Göken rower. Dä dachte: Op ik mal hengahe un frage nah wat? Awer nah wat? Soll ik öhr sejjen, Erna, ik mag dik lien, ik möchte tau geern mit dik mal ne Utsprache führn. Wat sejjt awer dä Vader datau? Man kennt ne ja, vorr dän bin ik doch nich äbenbürtig. Dä Aslok hat doch en Balken im Kopp. Ganz egal, man kann et doch mal verseuken. Fragen sünd frie. Ik frage — mag et gahn, wie et will. —

Als Erna sach, dat hei tatsächlich op et taukamm, worr et ganz opgeräjt un leip glue an. Schließlich gingen Begegnung un Utsprache so ut, wie Beide et sik e wünschet herrn. Mudder un Dochter verleben einen so schönen Abend in Eintracht, wie et selten einen e geben hat in all dän Jahren. Nu kamm et oppe an, dän Vader weik un gefügig tau knäten. Ernst Meineke tobe, als siene Frue öhne informieren det. „Nee, niemals gebe ik tau dissen Trick miene Inwilligung. Eher hänge ik mik op oder verköpe alles. Miene Dochter will'n Arbeiter frien? Daforre sall ik mik awequält hemm? Alle miene goot gemeinten Pläne wert in'n Dreck e trähn? Ohne mik un ohne son Stratenfäger, dä Göken hett. Nich ower miene Swelle." „Du Scheusal du", antwöre sei, „du wutt en guen Vader sien? Du mit diene verrückten Grappen im Koppe wutt diene Dochter unglücklich maken? Dittmal geiht diene Rechnung nich op."

Als dä Sommer tau Enne ging, dä Abende duster un kolt worn, herren Göken Heini un Erna Meineke einen schönen, glücklichen Sommer hinder sik e laten. Vorr wiedere, glückhafte Stunnen un Tausammenkünfte herren se sik Schulten Schüne utesocht. Dä stund ganz hinde im Grasgarn. Inne groote Hinderdör was ne lüttje Dör innebut. Im Stroh, op ne Wulldecke können Düsterheit un Külle nich stören.

Dagegen herr awer Ernst Meineke einen opräjenden, enttäuschenden Sommer hinder sik. Hei was so verärjert un verquer, et was im Huuse nich mehr utteholn. Awer hei blew bie siene verbohrten Ansichten, trotzdem hei schon im ganzen Dörpe utelacht worre. Immer öfter un länger blew hei abends uten Huuse. Angeblich was hei op Jagd oder speele im Nachbardörpe Skaat. In Wahrheit sach dä Sache ganz anders ut. An einem Abend, als hei dä Dörpstraate lang ging, könn hei beobachten, wie ne Frue ut'n Fenster biem Eikenbur steeg un slepe denne midde Flasche wat wej. Hei hinderher un stelle se kort vorr öhre Huusdör. Et was Gurkenjule, dä herr nen Schinken e klaut. Gurkenjule kenne sik mit dä Räumlichkeiten im Huuse biem Eikenburen ut, hat se doch ofte im Huushalte midde uthelpen mössten. Nu jammere sei Ernst Meineke weenend un flehend an, hei söll doch nist ut dä Sache maken. Du wedst doch, Ernst, wie mik dat geiht. Dän Krüppel im Huuse, vorr dän ik dasien mott, weil hei nist maken kann, nich mal im Huushalt wat anpacken kann. Un im Bedde seit däm Unfall ok nist. Wat is mien Leben noch wert? Kein Geld, keine Familie un kein ruhiget, gemütlichet Tauhuus. Ik kann dik nur betteln un bitten, verrae mik nich. Ik dau et dik ewig danken un wenne von mik persönlich wat wutt, ik bin tau allem bereit. Gurkenjule umklammere Ernst Meineke, presse sik so feste an öhne rann, dat hei ganz opgeräjt word un kein Woord rutbringen konn. Gurkenjule herr gewunn'n. Sei make sik frie, schmuse un fummele an öhne rummer un denne was et passiert. Ut einmal word et jede Woche tweimal. Awer einmal passiere et in Schultenbur siene Schüne, dä anne Hinderfront dä lüttje Dör herre. Et was Gurkenjules Idee, inne Schüne Liebe tau tuschen. Kamm woll daher, weil Gurkenjule hier Stammgast was, wer kann et wetten. Jedenfalls fund se glieks dän richtigen Lagerplatz un denne, nich wiet davon woll ein Mäken, dat Erna Meineke heiten det, opspringen un awhauen. Göken Heini awer drücke sien Mäken in't Stroh, hole öhren Mund tau un pustere wat in't Ohr. Beide herren dä Stimmen erkannt, weil dä so nahe an öhrem Lager tau hören waren. Erna Meineke zittere am ganzen Körper, fing an tau weenen un drücke sik ganz eng an Heini an. „Dat is use Chance", sä Göken Heini, als Ernst Meineke mit siene Gurkenjule awetrecket was. Während Erna fassungslos opgelöst in Heinis Arme lagg, durchströme öhne ein unbeschreiblichet Glücksgefühl. Nu hett wie öhne, nu is hei inne Falle lopen. Heini ermahne Erna, um Gotteswillen dän Mund tau holen, keine Schanne in'n Gang tau setten, sonst könne alles scheif gahn. Erna hat in disse Nacht nich slapen könn'n, sei was Dage lang nich tau geneiten. Öhre Mudder sorje sik un woll schon biem Doktor Rat inhalen. Erna sä awer, mien Doktor bist du, et ward schon wedder gut weern, alles ward gut utgahn.

Et passe gut tau eine Utsprake, als eines Dages Ernst Meineke Bredder vom Sagewerk halen det. Göken Heini lae dä Bredder oppen Wagen, ging op Ernst Meineke tau un hole um Erna an. Ernst Meineke stund wie annegoten. Heini Göken gejenower. Denne explodire hei: „Du wagst et, mik antauspräken? Miene Erna? Gah mik ut'n Wäg oder" – he fate sik ne Latte un woll op Göken Heini los. Dän siene Kraft rekke ut, Ernst Meineke siene Hand sau intauklemm'n, dat dä Latte ute Hand fallen det. Hei zetere wien bissigen Hund wieder, bet hei ruhiger word un midden Gerichte drohe. Da fraug Göken Heini öhn: Dat bringest du fertig? Sei dik man vorr. Vielleicht kummst du midden Gerichte noch in Konflikte. Scheidung wäjen Ehebruch un so. Ok Stroh kann spräken. Glieks kapiere Ernst Meineke nich, wat dat bedüen söll, denne awer, op einmal sacke hei tausamme, könn kein Woord mehr ruterbringen. Hei steeg oppen Wagen, feuere im Galopp ohne Bredder davon. Göken Heini lache un triumphiere nich, et deet öhne leid, dat hei op disse Wiese tau siene

Erna kamm. Et moßte sien, et ging nich anders. Gejen Abend was Ernst Meineke noch immer nich tau Huus annekomen. Mudder un Dochter waren in Sorje, rätseln, mutmaßten un können sik dat nich erklären. Erna awer schoot mit einmal wat in'n Kopp. Söll Heini etwa? Dat Dauk ummebunden leip sei hastend nah Göken Heini. Erna höre, wat im Werk passiert was, sacke oppen Stauhl un was uter sik. Un nu? Heini, wat nu? Vader hat sik sicher wat annedahn. Alle drei maken sik nun in verschiedene Richtungen oppen Wäj, um öhne tau finden. Göken Heini herre schließlich Glück. Dä Wagen mit däm Schimmel davorre stund vorm Gasthus in Sünne. Et was mittlerwiele abends um elfe. Inne Gaststube, oppen Stauhl innenucket un steernhagelvull satt Ernst Meineke. Göken Heini hat ne sik e snappet, hinden oppen Wagen e leggt un na Huus e brocht. Bet gejen Morjen hat siene Frue Last mit öhn e hat. So gejen achte, als siene Frue dä drei Keue taur Weid dref, Erna na'n Bäcker underwäjens was, da spanne Ernst Meineke dän Schimmel an un feuere hastig dorch't Dörp, bog in den Wäj na'n Maure tau un leit dän Schimmel lopen. Um halbig elfe hat ne Hinrich Mewes e seihn. Hei was dä Letzte, dä Ernst Meineke begejent is. Im Huuse säh Ernas Mudder nur, hei is midden Schimmel wej, butten im Felle kummt hei wedder tau sik. Erna awer ahne wat. Et entdecke siene Leddertasche, ohne dä Vader nie taun Felle feuern det. Als gejen drei Uhr Ernst Meineke noch nich taurüjje was, äußere Erna tau Heini öhre Befürchtungen. Wedder ging dä Seukerie los. Von Mewes wußten se, dat öhr Vader däm Maure tau e feuert was. Göken Heini swung sik op't Rad un feuere dahenn. Um sesse biem Maurdümpel stund dä Wagen midden Schimmel. Ernst Meineke was un blew verswunnen. Veel word under dä Lüe munkelt unne meint, et blew dabie: Ernst Meineke is im Maure undergahn.

Eineinhalf Jahr danah hat Erna Hein Göken e friet. Dä Mudder is nie gewahr e worrn, wie alles e west un taugahn is. Un dat was gut so.

Fritze

Hei was tau gut for disse Welt, tau gut was hei. Awer so is dat, dä Besten haalt sik dä Herrgott tauerst. Immer was hei hilfsbereit, großzügig un tau jedem fründlich. Und nun? Adjö! Fritze! Dä so von Fritze Metzig köre, dat was Olga Helms. Immer was hei hinder sei her e west, wär tau gern mit öhr einig e worrn, awer et kamm leider nich datau. Öhre Hemmungen, dä Angst – öhr Wilhelm könne wat gewahr weern – un denn öhr groote Junge, nee, et hat nich sien sollen.

Öhre Wilhelm, disse Schnüffler un Neunmalklauke, wenn dä dahinder e komen wär, – gar nich uttaudenken, wat denne passiert wäre. Ja, wenn dat nich e west wäre, denne, sau geern, geerne herr sei sik mit Fritze innelaten. Öhre Gedanken, öhre Gefühle hätt sik sau veel mit öhne beschäftigt, dabie is et denn e blewen. Paarmal hat se öhne sogar oppeluurt, woll et oppe ankomen laaten, wenn hei vom Singen abends nah Huus ging, awer immer was hei nich alleene nah Huus e gahn. Wär ik doch bloß nich sau dumm e west. Schade Fritze, et hat nich sien solln.

Am Graff stund noch ne Fru. Öhr rulln dä Tranen ut dä Oogen, sei was sehr ergreppen un woll ok ut bestimmtem Grunne. Et was dä Witwe Käthe Heine. Öhr Mann was in Rußland e fallen. Dä Erste, dä öhr damals so rieklich un ehrlich biestahn hat un Trost e geben hat, was Fritze Metzig e west. Hei hat öhr veel Gues annedahn. Weil Käthe Heine gar nich genauch Trost kriejen konn, hat Fritze Metzig sei immer wedder besocht un trösten mosst.

An veelen Abenden is Fritze taun Trösten in öhr Kaamerfenster innestejen, dat se nie innehaket herre, hinderher ja, wenn hei wedder afhauen det. Paarmal herre et scheif gahn könn'n, dat Glücke awer was op Fritzen siene Siete west.

An einem Instiegabend könn hei grade noch rechttiedig hinder einem Eikenstamm sik verstäken. Hei könn sejhn un ok dän Mann erkennen, dä an Käthens Fenster kloppen det un beddeln det: Käthe, ik bin't, maak doch mal open. Mott dik mal wat fragen. Hei beddele ower eine halwe Stunne, Käthe reagiere nich. Vielleicht herr se doch dat Fenster ganz geerne oppestött, wer kann et wetten? Sei wußte awer, dat Fritze noch instiejen dei.

Nu kiek dän Bäcker Schnieder an, dä ging also ok fremd! —
An einem anderen Abend mal, Fritz was wedder taun Singabend nah Käthe underwäjens, da erkenne hei von wiehen, wie Smed Harms mit Käthe am Wrangeln was. Hei verstook sik hindern Busch un könn beobachten, wie Harms Käthe Gewalt andaun woll.

Verdammt! dachte Fritze, wat nu maaken? Kreuze ik jetzt op, griepe in, denne mott Harms denken, wo kummet denn dä hierher um disse Tied. Denne awer, als Käthe „Hülpe" raupen det, da was Fritz taur Stelle. Et gaw ne dulle Utenannersettung. Harms trecke aw un Fritz det so, als wenn hei taur annern Siete nah Huus ging. Hei kamm denn awer op Umwäje noch taun Trösten taurechte.

Käthe stund am Graff un weene. Dä Gedanken speelen mit dä veelen Stunnen un Erlebnisse, dä nu bloß noch Erinnerung waren. Oppen Wäj nah Huus, wesseln dä Gedanken dat Thema. Sei was ja noch inne besten Jahre un nu ganz ohne Tröster sien, dat bruke ja nich tau sien. Fritze — so dachte Käthe — un sprok et ok vor sik henn, dat moßte verstahn un entschulligen. Du hast mik so verwöhnt, wie sall ik dat nun owerstahn un missen? Kiek mal, da is Föster Brinkmann. Jeden Dag, wenn hei nah'n Holte tau geiht oder nah Huus kummet, hat hei mik immer fründlich e grüßet un so tweideutige Bemerkungen annebrocht. Ik will öhne mal oppen Tän feulen, will wetten, op hei et ok so meint, wie hei't mit Wören deit, wie ik et ok glöwe. Fritze, wat bin ik for ne Sünderin — moßt entschulligen. —

Dä dritte Frue, dä am Graff stund — starr un stumm — wie ut Stein, dat was Fritze siene Frue. Sei röje sik nich vonne Stelle. Keine Träne stund in öhren Oogen. Wat mag in disse Frue jetzt woll vor sik gahn, so dachten woll veele. Als alles vorbie was, ging se midden Paster nah Huus. Sei was ne Dochter von Rechtsrat Sanders ut Printen. Als Fritze et im Kriege taun Leutnant e brocht herre, da word hei mal vom Rechtsrat Sanders innelahn, als hei op Urlaub kamm. Bie dä Gelejenheit hatte Gertrud Sanders kennen e lehrt. Ut däm langen Briefverkehr is denn — als Fritze entlaten was — dä Heirat taustanne komen.

Dä erste Tied ging alles gut, bet — wie dat so is — dä ersten Plänkelien sik instell'n. Gertrud Sanders war bildungsmäßig Fritze hushoch owerläjen. Fritze namm et midde Ordnung, midde Sauberkeit nich so genau. Ne tiedlang hatte sik Meuhe geben, ordne sik in, wenn hei ok mannichmal nich so bie dä Sache war. Sei woll öhne mit bessere Manieren gesellschaftsfähiger maken, Fritze awer passe un brook ut, als öhne dat ganze Spektakel taum Halse rut hing. Da ging et midde Einigkeit und Häuslichkeit tau Enne. Sei reise ofte tau öhre Öldern, blewe länger wej un woll sik scheiden laten, awer dä Öldern waren dagegen, weil se bereits im vierten Monat schwanger was. Fritze was nu dorch dän Unfall tau Doe komen, nu war et ja ok egal. Dä Hauptsache blew dat Kind. Gertrud is schon balle na dä Beerdigung na Printen tau de Öldern e trecket.

Als ik veier Jahre späder beruflich mal in Printen tau daun herre, vertelle mik dä Wirtin vonne Eike, Gertrud Sanders, verw. Metzig, hat öhren Schaul- un Jugendfründ e friet. Dä hat ne Farm in Afrika. Als hei taur Beerdigung von siene Mudder hier e west is, hat hei Gertrud middenohmen.

Ut hartem Holt is Buernstolt,
dä Buern Bruk un Recht
is Beil un Swert, dä eigne Herd,
dat niet schafft, dat ole mehrt
von Geslechter tau Geslecht.
Ut dissen kummt dä Buern Kraft,
dä freudig Jugend Taukunft schafft,
wovon sik dä Geslechter nährt.

Karrel

Karrel was dat Original in user lüttjen Stadt. Von Beruf was hei Murker un Huusslachter. Tau siener Tied slachten dä Lüe noch veele sülmst fettgemästete Swiene. Et was ne schöne Tied un jedet Slachtefeste was ein grootet Vergnügen. Dä hütige Generation kennt da nist vonne, will se ok nist vonne wetten.
 Karrel hat jeden Winter veele Swiene slachten mößten. Hei was immer utebuchet, weil hei dä beste Wost maaken det. Siene Mettwost was von ganz besonderer Güte un bekannt. Dat Besondere an Karrel was, hei könn sik mit keinem underholen. Ut öhne mal'n paar Wöre ruttauhalen, dat was schon allerhand.
 Siene Frue, Anna geb. Seibold, was sien ganzer Lebensinhalt. Sei was wor Karrel alles in einer Person. Sei worre ok mit öhne am besten fertig. Dat se Karrel mal e friet hat, dat hängt mit dä Naberschaft tausamme. Beide sünd oppen glieken Hoff und Garen rannewussen. Schaultied un späder ok noch, hätt dä Beiden true tausamme holt.
 Anna erledige alles, wat Huushalt un Geschäft angahn det. Wenn Karrel siene Haare taun Snien lang genauch waren, denn ging Anna nah'n Friseur Walter Lemke un melle Karl an. Sei säh ok tau Mester Walter, wie hei Karrel dä Haare snien söll. „Karrel, du moßt dä Haare snien laaten. Ik segge Waltern Bescheid." Anna woll aber erst am andern Dag Bescheid sejjen. Karel aber dachte an hüte. Glieks vonne Bustelle radele Karl deshalb nah Walter. „Dag Walter." „Dag Karrel." Nanu, dachte Walter, säh aber wieder nist. „Hast Glücke, Karl, sett dik man henn." Als Walter Lemke Karreln dän Kittel ummeleggt herr un fraug, wie hei et snien söll, da ging Karrel inne Höchte. Dän Kittel afmaaken un uten Sessel hucken, dat ging ganz rasch. „Wat!", bölke hei los, „was dä Mamme noch nich da?" „Nee, Karrel." „Son Aas son!" Slaug ägerlich dä Dör hinder sik tau un radele davon. Ik säh: „Na, dat mag ja wat geben im Huuse." „Nist giwt et im Huuse", was de Antwoord vom Friseur, „Karrel siene Anna Vorwürfe maaken oder gar utschimpen, nee, dat is bie dä Beiden nich inne. Hei sejjt öhr garnich, dat hei hier was. Un ik, wenn Anna öhren Karrel morjen anmeldt, ik sejje ok nich, dat Karrel hier war. Wie kennt uns tau gut!"

Drei Birken.

Drei Birken standen um den Stein,
drei Birken Hochzeit hatten.
In meinen Armen schliefst du ein,
auf Moos, im Birkenschatten.

Drei Worte sprachst du in der Nacht,
drei Worte sehnend warben.
Als wir aus tiefen Traum erwacht,
drei Worte wortschlos starben.

Drei Tage lang in roter Heid,
drei Tage warst du mein.
Drei Tage lang war Sommerzeit,
dann gingst du trauernd heim.

Drei Lilien blühten feurig rot
am Platz wo wir gesessen.
Drei Lilien beugten sich dem Tod,
ich kann sie nicht vergessen.

Aus dem Archiv von Hermann Marschewski

Opa Keunecke

Wat dä Verträter von dä Firma Bold un Söhne was, dä heite Sprenger. Hei hannele for dä Firma mit Sämerien, Kolln, Katuffeln un ok Düngerkram. Ower drittig Jahre was Sprenger schon Verträter. Veele Lüe kennen Sprenger, for allem dä Buren. Ok Keuneckenbur ut Öldringen, wo hei grade jetzt vorspräken woll. Hei ging dorch dän Ingang, reip nah dä Lüe; wieder dorch Schüne un Stall, narjens wär en tau seihn un tau hören. Denne aber, als hei owern Grasgaren nah'n Brunkenbur gahn woll, da entdecke hei Opa Keunecke. Dä herre siene Arme ummen Lief liggen, kroop gebückt hen un her un stöhne: „Mien Lief, mien Lief." Wat issen los, Opa Keunecke?, frauch Sprenger, wat hett se denn? Ach, Sprenger, säh Opa Keunecke, mien Lief maket mik Ärger. Schon drei Dage quäle ik mik damidde rummer. Kann nich oppe Brille, kann nist äten, slimm, slimm. Awer, aber, säh Sprenger, da giwt et doch wat gejen. Drinkeste mal'n paar Löppel Rhizenus, dat helpet. Mag sien, murmele Keunecke, Muddern öhre Umsläge, dä Pastillen, nist hat e hulpen. Schriewen se mik dat doch mal up, wat sei seggen den. Sprenger schrew also Rhizinus op. Glieks nah'n Freustücke trabe Opa Keunecke los. Ne Beierflasche herre hei inne Manteltasche. Dä stelle hei inne Apotheke oppen Träsen un legge dän Zettel danäben. Dat woll ik hem, säh hei. Dä Afteiker keek un las Rhizinus. Ja, wie, doch nich dä Flasche vull. Ik fülle dat in ne lüttjere Flasche.

Wat sien mot, mot sien, säh Opa Keunecke, ick betahle ja.

Dä Afteiker woll Opa Keunecke dä Unvernunft utkören, hei underschätze awer dän sien Dikkopp. Wat sien mot, mot sien, ik bliewe bie Flasche vull, disse hier. Dä Afteiker kapituliere, fülle koppschüddelnd dä Beierflasche. Dä stook Opa Keunecke inne Tasche, betahle un ging rut. Vor de Husdör blew hei stahn, blinzele inne Sunne un dachte: Op ik hier schon mal'n Sluk nehme? Un hei dehet. Dunnerslag, dat smeket ja scheußlich, awer ik sluke noch einen Hieb runder. Wat sien mot, mot sien un alle guen Dinge sünd drei. So, nun af nah Hus. Wenn ik da bin, wirket et woll schon. As hei so an achtzig bet hundert Meter e gahn was, da blew hei ruckartig stahn. Wie? Söll dat etwa schon? Et söll! —

Dä eine Hand am Hindern, inne annere dän Handstock, so ging hei rasch wieder.

Wat nu? Wohenn? Da kamm öhne dä Bahnhoff in'n Sinn. Da sünd Brillen. Also los, henn, henn. Hei kamm immer rascher in't Loopen, dä Sweet perle runder. Lüe kekken hinderher, schütteln dä Köppe. Dä Hund, dä hinder öhne her was, öhne packen wolle, blew mit en Ruck stahn, as hei Opa Keunecke innehalt herre. Hei leit dän Swanz hängen, trabe mit ingetrektem Kopp af. Siene Herrin, na, dat mag wat e geben hemm.

An Sammans Husecke stunnen Alma Pieper un Erna Alpers un waren im besten Klönen, as Opa Keunecke angeloopen kamm un se beinahe ummesmetten herre. Sei schimpen hinderher, drauen, säen mit einmal kein Woord mehr. Wat was passiert? Se keeken sik beide sau komisch an un herren et ielig, aftauhauen.

Im Huse säh Alma Pieper tau öhren Mann: Ik meine, wat sik gehört, dat mott dä Minsche wetten. Man merket doch freuh genauch, wenn sik hinde wat mellt.

Un Erna Alpers meine: Wat is dat for 'ne Art. Man steiht sik gejenower un denn lett einer Luft aw dä stinket. Ik meine, dat is 'ne Schweinerei.

Opa Keunecke herre nu glieks dän Bahnhoff e schaffet. Da reip einer von wiehen, hei herre twei Taschen inne Hand: „Wie komme ich zur Apotheke?" „Immer däm gälen Striepen nah", schrie Opa Keunecke.

Dä Angehörigen süllt öhren kranken Opa vom Bahnhoff awhalt hemm, dä Vorsteher herre dä Familie telefonisch informiert.

Oma Keunecke

Dä Sache is klar, Minna. Morjen freuh opt't Rad un hen nah Wassen. Hoffentlich bestellt se alle wedder öhre Katuffeln wie voriget Jahr. Nah'n Sanitätsrat geihste tauletzt hen, wegen dä Praxis. Beid man hauptsächlich dä „Flava" an, dä bringet im Zentner mehr. Alles verleip planmäßig. Schon gejen Elben war se biem Sanitätsrat inne Teuwestube. Twei Fruen waren for öhr schon da. Da, op einmal bölke dä Sanitätsrat los. Hei make dä Frue, dä bie öhne inne was, so fertig, dat se utsach wie'n begotenen Pudel, as sei rut kamm, sik antrecke und weenend dä Dör hinder sik tauslauch. Ok dat noch, stöhne Oma Keunecke. Dat mosste mik gerade noch passieren. Nun hatte sienen Dullen, nun wäre et besser, ik det afhauen. Awer wäjen dän siene Katuffeln nochmal dän wien Weg maken, näh, dat geiht nich. Sei blew nervös sitten. Sei teuwe, bet dä letzte Kranke awefertigt war. Da keek ok schon dä Rat umme Dör un reip: „Dä Nächste rin." Da erkenne hei Oma Keunecke. Süh an, Oma Keunecke. Rin, rin, ik hewe et ielig. In Sülfelle lurt'n nien Erdenbürger op mik.

Herr Sanitätsrat! Ich woll . . . .

Ik wett, ik wett, et sünd wedder dä Drüsen. Dat oole Speel. Rasch Oberkörper frie maken.

Herr Sanitätsrat — wieder kamm se nich.

Hei packe se, trecke öhr dat Kleed owern Kopp un woll dat Hörrohr ansetten.

Da was Oma Keuneckes Beherrschung tau Enne. Sei raffe dat Kleed, stampe errägt mit dä Feute un schrie: „Sei sünd meschugge, wat sall disse Unsinnigkeit? Mik fählt gar nist, gar nist fählt mik. Ik hewe bloß fragen wollen, ob Sei dä Winterkatuffeln wedder von uns nehmen wüllt."

Wat? Wat is dat? Dän Sanitätsrat sien Gesichte leip rot an. Et sach so ut, as wolle hei losbölken: „Raus". Denne awer löse sik wat in siene Gesichtszüge. Hei pruste los, leit sik in sienen Stauhl fallen, lache, lache. Sowàt, nä, sowat. Hei stund op, nahm Oma Keunecke in'n Arm, gaw öhr en Kuß und entschuldige sik.

Oma Keunecke hat bet nah Hus e schmunzelt unne dacht: Hei kann ja'n Beist sien; hei kann awer ok en feinen Mann sien, dä wett, wat sik gehört. Herr hei mik mal'n Kuß e geben for fuffzig Jahr, ik wett nich, ik wett nich . . . .

„Orchidee" Radierung von Ellen Kresky

Öfter löppt einem dat Glücke hinderher

Franz Gaus herre sik inne Feldmark 'nen halben Morjen grotet Grasland e kofft un daoppe ne Hauhnerfarm innericht't. Dat gesparte Geld, dat Arwdeil waren dabie droppegahn. Dat, wat siene Frue Käte innebrocht herre, mosste forr Bestand un Material innesett't weern. Nu konn — flietig waren se Beide — eigentlich nist scheif gahn. Dä Investitionen sölln nu Früchte dragen. Awer dat, wat dä Beiden sik erhoffet hörren, dat word nah einem Jahr schon ne trurige Bilanz. Dä Dage un Nächte for se nah un nah taur Qual. Im Anfange herren sik Beide gegensietig Mut e maket un herren op veelet verzichtet. Nu awer, wo alles anders e loopen was, da waren Hoffnung un Harmonie davonneloopen. Käte Gaus was korrt vor'm kapitulieren, als sei an öhre öldere Swester Lene dachte. An dä schrew sei an einem Sönndag einen langen utführlichen Breif. Sei schrew sik alles vonne Lebber runder, hinderher war et öhr richtig lichter inne Brust.

Dä Breif verfähle siene Wirkunge nich. Schon paar Dage drop was 'ne Antwoord da.

Schwester Lene künnige öhren Besuch an un kamm acht Dage späder in Hannower an. Swager un Swester halen se vom Bahnhoff aw. Underwäjens vertelln se mehr ower Familiäret als ower dä geschäftlichen Angelejenheiten. Na'n Kaffee am Nahmiddag kamm denn awer dat Gespräch in'n Gang, wat under dä Näjel brennen det. Stunnenlang ward diskutiert. Swäjerin un Swester Lene kamm denne op einmal mit ne Idee herrut, dä erst belächelt un beiden Gaus als Grappe vorrkamm. Lene awer was et eernst mit de Idee. Sei vertelln dän Beiden, dat se vorr ungefähr anderthalw Jahren mal e läsen herre, wie ein amerikanischer Farmer, däm et ähnlich so e gahn was wie öhren Verwandten, et — so wie sei et schildere — maket herre. Dä herre nämlich, wenn hei Heuhner verkofft hat, einijen Heuhnern vorrherr en lüttjet Goldstück sluken laten. Dä Erfolg was derart groot, so dat hei in wenigen Jahren steinriek e worren is. Et bruken ja keine Goldstücke tau sien, meine Lene. Perlen den sik ok eignen datau.

Dä Skepsis un dä anfänglichen Bedenken waren wie wejjewischet, als Franz Gaus sä: Woher dä Perlen nehmen un dat Geld daforre?

Da herre Lene Hartmann wedder eine Idee un Vorslag, dä Beide deip beeindrucke. Sei sä: Ik besorje dä Perlen un betahle se ok. Ik hebbe von miene Rente ganz schöne wat op't Konto e schaffet un op't Huus krieje ik jeder Tied Kredit. So word ut Lenes Idee ne Tat, dä ungeahnte Foljen herre. Dä Perlen, hellwitte, waren in wennigen Dagen vorhanden, dat Speel könn losgahn.

Lene sette sik persönlich in, indäm sei oppen Marjt, inne Wild- und Geflüjelgeschäfte Fruen vertraulich von Gaussche Perlenheuhner vertelln det. Sei sülms herre bereits dreimal ut dä Gausschen Heuhner Perlen inne Kröppe un Ingeweide funden. Schorsine Liebmann, dä vom Marjtstanne sik darob henn ein Gausschet Hauhn e kofft herre un tatsächlich ne Perle funden herre, vertelle öhrer Freundin davonne, dä wedder öhrer Mudder un dä dän Nahwerfruen. Eine davonne, dä ok ein Hauhn morjens e kofft herre, stülpe darob hen am Amd dä Mülltunne umme un stockere mit nem Stocke in dat Ingeweide umher, et was awer kein Hauhn von Gaus e west. Dä Sache nahm ungeahnte Foljen an. Immer mehr Minschen kamen mit nem Auto oder Rad inne Farm, um original Perlenheuhner von Gaus tau köpen. Nur wennige herren Perlenglücke. Awer man kennt ja de Mentalität vonne Minschen. Sogar dä Händlers vom Marjte un ute Geschäfte kofften dutzendwiese von Gaus. Sei herren sik e wundert, weil immer mehr Gausheuhner utdrücklich verlangt worden.

Schon vorr Wochen herren Gaus un Lene twei Hülpen innestellt, dabie eine mit nem Führerschien. Dä feuere dän nien Lieberwagen.

So anne drei Jahre hat dä Swung mit disse Perlenheuhner floriert. Denne lett et nah. Irgendeiner herre ok ne Idee e hat. Dat mot ne Konkurrenz e west sien. Dä drei maken sik schon Gedanken, sunnen ower Grünne und Utwäje nah. Da awer stund eines Dages ein Bericht inne Zeitung, dä vom Verdeilen angebrütener Eier berichten det, wie dä biologisch un regenierend sik op dä verschiedensten Organe utwirkten. Dä Sexhormonen bie Mann un Frue letten sik angeblich enorm aktivieren. Sogar en besseret Kieken, Darmträgheit — un wat nich noch alles — können günstig beeinflusset weern.

Lene was et wedder, dä sofort aktiv word. Jeden Dag stund en Inserat inne Zeitung: Original Brüteier ut dä Gausschen Farm, nach Professors Danners biologischen Thesen. Dä versprokenen Erfolge wurren midde oppeführt. Langsam, awer denne wie ne Explosion, sette dä Handel mit dä angebrüteten Eier in. Nich tau schaffen war nah nem halben Jahr dä Nahfrage. Am leiwsten herre sik dä ganze Familie Gaus op Nester e sett un dat Anbrüen vermehrt.

Disse Spuk mit dä angebrüteten Eier dure en guet Jahr. So explosiv, wie et annefungen, so flaue op einmal dä Nahfrage aw. In den verganen Jahren waren im Kreis, inne Provinz, immer mehr Hauhnerfarmen innericht't worrn. Gröttere, modernere. Wedder was et Lene, dä ran un handeln de. Sei underbreie dän Beiden öhren Plan. Jetzt is dä Tied mal wedder e komen, wo e handelt weern mot. Ophören! Jie hätt jetzt ein schönet Vermöjen oppe Bank, inne Soltauer Heie dat schöne Wochenendhuus. Dä Mercedes is noch wie niet. Und du, Franz, bist dorch dän Handel mit veel Minschen tausamme e koomen, hast kören e leert, wie'n Rechtsanwalt. Du mosst jetzt inne Politik instijen.

Davon — wie et immer war — wollen Swager und Swester nist wetten. Lene leit nich na. Dän Andrag wäjen Anschaffung eines Sportplatzes forr dä Jugend un eine Badeanstalt datau, word dem Rat vonne Gemeinde underbreit. Als Franz Gaus ok ut eigener Tasche finanziell Hülpe anbot, da was ne Bombe los e gahn. Als im Harwest Gemeinderatswahl was, herre Franz Gaus dä meisten Stimmen. Dä rekken ut forr'n Bürjermesterposten. Dat dicke Gehalt, Sekretärin, Dienstauto, Opwandsentschädigungen u.v.a.m. herren ut Franz Gaus eine beachtenswerte Persönlichkeit e maket. Als inne Soltauer Wochenendvilla dä Ereignisse groot e fiert worrn — dat mott man Franz Gaus laten — da hatte sik nich e schuut, siene Swägerin Lene forr öhre Mitarbeit, öhre stete Hülpe in allen Lagen, von ganzem Herzen tau danken.

Nu willt wie Sluss maken mit dä Vertellerie, uns wedder anderen Erlebnissen tauwennen, dä dä Alldag immer bereit hat.

Wenn dat Glücke nämlich wieder so hinderherlöppt, hinder Franz Gaus, denne künnt wie vielleicht owert Jahr dän Minister Gaus beglückwünschen. Dat Tüg un dat Mundwerk hatte datau.

Oma Witte

Oma Witte is e storben. Wann denne? Letzte Nacht!
Anna Prinke säh tau mik: Ik hebbe Oma, wie alle Abende in dän Jahren, e kämmet, e wuschen un tau Bedde leggt. Sei herre keine Wünsche mehr, säh tau mik noch: „Gue Nacht, legg dik man ok henn." Nist war öhr antaumerken, sei maake op mik en taufreen Indruck. Un nu sowat! Anna Prinke weene luthals, was nich tau beruhigen.
Naher kamm dä Paster, hei herre schon von Omas Dood e hört. Hei hat Omas Hänne falt't un mit Anna am Bedde bät.
Ik hebbe oft beruflich in Söllingen tau daun. Oma Witte kenne ik ganz gut. Veel hebbe ik se in öhren Blaumengaren hantieren seihn oder sei satt op de Bank, dä vor dä Hollunderbüsche stahn det. Wie hätt uns immer fründlich begrüßet, ok mal en lüttjen Snak e hol'n. Et waren alle taur Beerdigung, ok nich nur Lüe ute Gemeinde anwäsend. Oma Witte herre sik e wundert un e freuet, wenn sei sönne Andeilnahme herre seihn könn'n. Sei was eben eine besondere Frue west.
Als ik drei Dage späder taum olen Behne raupen word, sind wie ok op Oma Witte tau spräken e koomen. Opa Behne was dä Öllste inne Gemeinde un wußte als Einziger ower Oma Witte Bescheid. Hei vertelle: In miene Kindheit gaw et hier in Söllingen noch dä Smee. Inhaber un Smedmester was Karl Hahne. Siene Frue stamme ut Lohne un was dä Dochter von Bäcker Holten. Eine Dochter herrn se, öhr Name: Erna Hahne. Ernas Mudder was bie de Geburt um ein Haar dropp e gahn. Richtig gesund is öhre Mudder nie mehr e worrn un wiedere Kinder gaw et nich mehr.
Erna, nu dat Einzige, word von lüttjet op verhätschelt, verwöhnt. Dat söll sik späder mal slecht uttahln. Dat hattet sik denne ok. Eitel un launisch war se, Freundinnen herr se keine. Mudders Sinn was ja: Bloß keine Freundinnen, dä könn'n ja Erna beeinflussen un verführen.
Dä Vader? Mien Mäken hat et nich nödig, andere nahtaulopen, et hat ja uns. Erna word op disse Art ganz op de Öldern innesworen.
Et draug sik denn tau, Erna was so um de twintig Jahre old, war ne hübsche Frue e worrn, dat Mester Hahne vom Perd sau

unglücklich e trähn word, dat hei wochenlang kuren moßte. In disser Tied hat en Smeegeselle, dä op de Wanderschaft was, bie Hahne um Arbeit vorresproken. Siene Papiere waren in Ordnung; Hahne was froh, 'ne Hülpe tau finden. Det Gesellen Name was Berthold Witte, was en anseihnlichen, breitschulderigen Mann. Hei maake wat her, war ok wiet umher e koomen. Et leip alles prima an, Mester un Gesellen waren taufrehn.

An Wochenennen kehren se tausamme in'n Dorpkraug in. Op disse Wiese word Berthold Witte mit de Dörpslüd bekannt. Nah sönnen Burschen, wie Witte einer was, dreiht sik dä Mäkens tweimal umme, kichert un het heimliche Wünsche. Dat kreeg ok Erna Hahne spitz un et röge sik wat, wat nah Eifersucht, verletzten Stolt ruken det. Nah eineinhalf Jahren passiere et, dat Karl Hahne im Gespräch mit Berthold Witte denn direkt word. Hahne, siene Frue un ok Erna waren sik einig e worrn, Witte söll un mößte Erna frien. Berthold Witte, dä bet dahenn taufreen e west was — wat Stellung un Umgang anging — un dem de Mester Hahne allerhand versproken herre, owerlegg sik dat ne korte Tied un was denne mit Hahne sienem Anlejen inverstahn. Word de Verlobung schon so e fiert, dat dat Ereignis lange Tied ein Gesprächsstoff inne Gemeinde was, dä Hochtied owerdreip alles, wat't im Dörpe oder dä nähere Umgebung noch nich e geben hat. Ik wett noch, dat ik damals en paar Dage duun e west bin. Karl Hahne könn sik ja sönnen Upwand leisten — hei herre et ja! —

Ein Jahr späder kamm lütt Chrischan Witte op de Welt.

Intwischen herrn de Ehelüd schon af un tau Strieerien — allerdings keine ganz ernsthaften — e hat. Dä kamen daher, weil Erna in allen Angelegenheiten tau öhre Öldern holen det, statt tau öhren Mann. Nah dä Geburt von Chrischan passieren denn ok öfter und schon ernsthaftere Plänkelien. Jetzt ging et veel um dän Jungen, dän de Großöldern vor sik beschlagnahmt herren un Erna was damidde inverstahn. Sowat leit sik Witte op Duur nich beihn. Et gaw ernsthafte Utenandersetzungen. So ging balle dat Gerede umme, Witte spöre et ganz genau, wat de Lüe kören dehn. Hei kamm sik wie en Hanswost inne Familie vorr. Im veierten Jahr was dat Maat von Berthold Witte vull. als man öhne vonne Theke her flachsen det, so stickum, hinderhältig, da is hei oppestahn, ohne dat man öhne wat anmerken det. Hei herre awer ziemlich e drunken. Im Huse hat hei denn

„Rosenblüten II" Radierung von Ellen Kresky

Erna ruterefordert un nahe leggt, sik tau entscheiden, entweder öhne un dat Kind oder dä Öldern. Erna hat ne utelachet, sik anne Stirne tippet un e seggt: „Wat biste denn vor en Minsche? Miene Öldern un nu dat Kind datau, dat is miene Welt. Du wedst ja woll, durch wen du dat e worrn bist, wat nu is. Du hast doch nist e hat, hast hier dien Nest e funn'n." Da dreihe Berthold Witte dorch. Mit en Stauhl slauch hei um sik, dat Mobilar zersplittere. Dän Schrank mit Geschirre kippe hei um. Dä Uhr, dä Hängelampe, Speigel, alles ging in Trümmer. Erna was schrieend na de Öldern e loopen, nahm öhr Kind un flüchte damidde nah Nawer Sammann. Sammann greb sik dat Rad un feuere mit nem Höllentempo taun Schandarm in Ölpe. Karl Hahne hale sik ne Isenstange ute Smee un störte sik op Berthold Witte. Dä herre im nu Hahne im Griff, slendere öhne inne Ecke, wo Hahne bewußtlos liggen blew. Siene Frue was e flüchtet nah'm Kirchhoff tau. Witte awer was ruhiger e worrn. Hei störte inne Kamer, raffe in Iele Sachen, Geld un Papiere inne Reisetasche, sprung ut'n Fenster nah dem Garen tau un verschwund. Fru Hahne hat ne am Kerkhoff vorbieflitzen seihn, hat sik anne Ehre ducket un is taurügge lopen nah Hus. Intwischen herrn sik veele Minschen annesammelt un ok dä Schandarm Hinze war im Huse. Man wett ja, wie dä Minschen sind. Ik stund damals ok in däm Knäuel Minschen. Dä meisten stunnen op Wittes Siete, weil se dä Verhältnisse bekannt waren. Witte aber was verschwunnen, bleew et ok, man hat nist wedder von öhne hört.

Dä Tied heilt alle Wunden. Nah wiederen eineinhalf Jahren köre keiner mehr ower dat, was damals vorrefallen was. Denn storw Ernas Mudder; twei Jahre späder ok Karl Hahne. Erna Witte herr sik nah all dä Begebenheiten gewaltig e wandelt. Sei verkoffte un verpachte alles. Bloß dat lüttje Huus midden im Dörpe nich, wo öhre Großöldern lange inne wohnt un ok dainne storben sind. Sei word von da an dat, wat man dä gue Fee heiten det. Dä Jahre trecken ein nah'n andern vorrbie, dann kamm dä Krieg. Öhr Chrischan, dä Lehrer weern wolle, word Soldat un is im September 1916 in Frankreich e blewen. Dat hat Erna Witte dän Rest e geben. Wochen, Monate, hat et e duurt, bet se sik opperaffet hat. Dä Paster, dä Verwandten, dä Lüe im Dörpe — ok ik — hett et schließlich e schaffet. Ganz besonders aber hat se ein Kind von 8 Jahren wedder vernünftig un gesund weeren laaten. Dat was dat Waisenkind Anna Prinke, dessen Mudder im Kindbett e storben was. Vader von Anna was Grotknecht biem Schultenbur. In einem Winter, biem Holt affeuern, is en Boomstamm vom Wagen e rullt, hat sien Rückgrat zerstört, hei word dabie taum Krüppel. Eines Dages schicke hei dat Kind mit nem Breif nah'n Paster. Dä — als hei dän Breif e lesen herre — was hellwach e worrn. Dat Kind behole dä Pastern bie sik, hei renne taur Kate von Annas Vader un kamm doch tau späde. Prinke herr sik oppehänget. Dä Paster aber is denn na de Beerdigung mit dem Kind Anna nah Erna Witte gahn. Et hat en langet Gespräch e geben.

Anne Prinke word dä Dochter von Erna Witte, dä vom Leben sau bitter enttäuscht worden was.

Anna Prinke arwe allen Nahlaat. Biem Oprümen is öhr en Breif inne Hänne falln, dän se dem Paster e geben hat. Dä hat mik mal vertellt, et wär en Breif von einer Insel im grooten Meer e west. Ik wett, dat hei vorr veelen Jahren von Berthold Witte schreben was. Wat da inne stund, hat dä Paster vor sik behoolen. Dä Blaumengaren is hüte noch en Schmuckstücke midden im Dörpe. Dä Paster is doote, ok Vader Behne schon lange.

Von Erna Witte un alles dat, wat mal was, davon wett un kört kein Minsche mehr.

Ik kenne einen, dä wör arm
an Riektum un an Seele.
Wat hei sik beddelt herr bie Dag,
dat floot wien gurgelnd rieten Bach
bie Nacht durch siene rauhe Kehle.
Sien Leben was en sinnlos Speel,
et ging in Sünd un Sump verloren.
O, armet, unglückselig Wiew,
dat einst son Wesen hat geboren.

Paule

Dä ersten Dage hat Lehrer Meinecke e grinset un sik sien Deil e dacht. Hei wußte ja, dat Paule ut eine Familie kamm, wo plattdütsch e sproken word.

Paule könn sik an dä Anrede „Herr Meinecke" nich gewöhnen, hei verwessele immer wedder „Herr" mit „Du". Nah Wochen noch, as Paule schon en betten mit däm Schriewen taurecht kamm, rutsche immer noch twischendorch dat „Du" herrut.

Lehrer Meinecke wolle Paule nun anders koomen, um öhne endgültig dä Anrede „Du" aftaugewöhnen. Fiebentwintig Mal lette hei Paule opschriewen: „Ich darf zum Lehrer nicht Du sagen."

Dän ganzen Nahmiddag satt hei nu inne Stubenecke un quäle sik af mit dä Strafarbeit. Vader un Mudder wunnern sik ower öhren Jungen. „Wo steckt he denn?" fraug dä Vader. „Inne Stube", antwöre dä Mudder, „hat sik innesloten." „Innesloten? Warumme denn? Dat hat doch wat op sik. Ik kieke mal nah."

Paule moßte opsluten, Vader word nämlich ungemütlich. Paule herr dat Bauk tauedecket, aber Vader woll dän Grund wetten, warum dä Junge sik inneslooten herre. Kortum, Paule satt gefangen, hei moßte Vadern beichten. „Watt", säh sien Vader, „Du seggst taun Lahrer „Du", dat is ja nich tau glöben. Fuffzig Mal schriffst Du dat af. Dat wüllt wie doch mal seih, ob mien Junge nich Anstand lehren kann!" –

Andern Dag, inne Schaule, Lehrer Meinecke säh nist, dachte nich an Paule siene Arbeit. Einen Dag späder aber, Paule herre dat Strafbauk extra op'n Disch henneleggt; Meinecke woll grade seggen: „Paule, das Buch unter'n Tisch", da funke et in sienem Koppe. Ach so – ja – da war ja was.

„Zeig mal her das Buch. Mein Gott, Paule, das ist ja viel mehr, als Du schreiben solltest. Das war ja nun nicht nötig."

Da rekke sik Paule inne Höchte; sien Gesichte herr son'n oberlegenen Glorienschien, als hei säh: „Dat herrste Dik woll nich e dacht, wat?"

Paule

Op dem Lanne hätt dä Jungens Karnickel im Stalle. Paule herr ok wekke. Taum Geburtsdag herre Vader dem Paule sönne mit roe Oogen e schenket. Hei moßte Vadern awer verspräken, dat hei flietig Futter for dä Diere besorjen det.
Damidde herret keine Not. Paule sochte, ruppe, brochte rieklich Futter herbie.
Twei Hüser wieder wohne Familie Pletten, un dä öhr Junge, Schorse, herre ok Karnickel.
Eines Dages, Paule herre frischet Futter e sammelt un undern Stall verstauet, da was dä Futtersack leddig, als hei siene Diere futtern wolle. Paule herre sofort dän Schorse von näbenan as Klauer in Verdacht. Ne Stunne späder, hei nenne mik immer sien „Fründ", kamm hei opgeräjt tau mik un vertelle mik dän Fall. Du, säh hei, wenn ik dän tau faaten krieje, dän haue ik dä Jacke sau vull, dä sall nich wedder an't Klauen denken. Dä kann wat erleben! – Paule, säh ik, dän Schorse twingest du man nich, dä is stärker wie du un grötter. Dat is mik ganz egal, säh Paule, ik makene fertig.
Wie dä Deibel et will, Schorse kreuze op, woll vorbiegahn, kehre aber umme un kamm op uns tau. So, Paule, da kummt dä Schorse, nun aber ran! Ik warne dik nochmal, säh ik, owerlegg et gut, ik rae dik aff. Du alleene schaffst et nich. Da keek Paule mik an, sien Arm wiese op öhne, op mik, als hei säh: Alleene woll nich, aber wie Beide. Paule stund mit Wut im Balje un kooke as Schorse säh: Paule, kumm midde, ik zeige dik miene jungen Karnukels. Doch Paule is middegahn.

Dürrjahn!

Sien richtige Name was Erwin Brandes. Wie hei tau dän Spitzun Schimpnamen „Dürrjahn" mal e koomen was, dat wett ik bet hüte noch nich. Hei was ut guem Huuse, was sehr gebildet, gutmütig, herre veel Döneken im Koppe. Sien Vader was Direktor in einem behördlichen Betrieb. Awer irjendwat stimme mit Dürrjahn nich. Hei studiere nich, arbei e nich un was immer underwäjens. Mien Brauder un ik hätt mal als Kinder mit öhne ein Erlebnis hat, wat ik vertellen will.

Mien Vader herre mik eines Dages en Breif inne Hand e geben, dän söll ik taun Briefkasten bringen, awer nah dän, direkt anne Post. Mien jüngere Brauder türe midde. Als wie dä Ecke vonne nie'e Straate erreichet herren, stund da en oolen Mann, dä Piepe smöken det. Hei hole uns an un sä: „Jungens, dä Mann, dä da hinde herkummet, dat is Herr Dürrjahn. Dat is en ganz guen Mann. Siene Taschen hatte immer vuller Bolchen, dä hei anne Kinder verdeilen deit. Wenn jie Beiden an öhn vorrbiegaht un sejjet: „Guen Dag, Herr Dürrjahn", denne freut hei sik un giwt jüch bestimmt Bolchen". So, wie dä ole Mann uns informiert herre, so hett wie et ok uteführt. In Gedanken herren wie Beiden schon jeder 'ne Hand vull Bolchen. Stattdessen bleew Herr Dürrjahn wie annewussen stahn, dreihe sik umme un fraug wütend, wie wie heiten den. Denne word hei fründlicher un frauch, woher wie dissen Namen wüßten? Ik was ganz stille. Mien jüngerer Brauder awer sä – un zeige nahe Ecke vonne nieen Straate: „Dä Mann, dä anne Ecke steiht, hat uns anneschind". Dä ole Mann was awer verswunnen. Denne hat hei uns oppeklärt un e sejjt, wie hei heiten det un is verärjert wieder e gahn. Mit Bolchen was also nist! Mien Brauder schimpe wie en Rohrspatz. Tau Huse hebbe ik Muddern dat Erlebnis vertellt. Dä was ganz nahdenklich e worrn. Vader awer hat sik amüsiert darower, als hei dän Bericht höre.

Nahmiddag, so gejen veire, klingele et an use Huusdör. Vader make open – un wer was da anne Dör? Dürrjahn!

Hei stelle sik vorr un möchte Vader mal spräken. „An sik, Herr M., eine harmlose Angeläjenheit. Awer der Jungen wejen eine Opklärung."

Un denne vertelle Dürrjahn dat, wat Vader schon ungefähr wußte.

Vader herre dän Schalk im Nacken, hei markiere nun dän wütenden, wilden Mann.

„Wat", bölke hei los, „sowatt erlaubet sik miene Jungens? Wo sünd dä Bengels? Dä künnt watt erleben, dä prügele ik windelweik. Sonne Schande mik tau maaken, na, teuwet man!"

Dürrjahn stand wie angenagelt, woll immertau watt sejjen, woll Vader beruhigen. Dä awer slaug midde Fust oppen Disch!

Dürrjahn zucke tausamme un keek nah dän Utgang. Vader leite öhne rut, mit dän Wören — un sien Gesichte was taun Fürchten: „Sei künnt sik daoppe verlaten, Herr Dürrjahn, dä Bengels künnt wat erleben, Herr Dürrjahn, Adjö! Herr Dürrjahn!"

Dürrjahns Gesichte was wie versteinert, als hei ute Huusdör flüchten det.

„Mein Gott. Mein Gott!"

Vader hat uns awer trotzdem so manchet e sejjt, wat wie nich vergetten hett un Mudder moßte uns jeden einen Groschen for Bolchen geben.

„The owl"   Radierung von Ellen Kresky

Hermann Marschewski

Zu Ehren meines verstorbenen Vaters habe ich im 25. Todesjahr sein Buch „Dä Beernboom" neu auflegen lassen und neu illustriert.

Mein Vater, 1904 geboren, wuchs mit seinen Eltern und Geschwistern in der alten Plinkenburg in Fallersleben auf. Sein Vater war Bezirksschornsteinfegermeister und wünschte sich, dass sein Sohn auch diesen Beruf ergreifen würde. Aber der Sohn entschied sich für den Gärtnerberuf. Bis zum Kriegsausbruch baute er seinen Gartenbaubetrieb in Fallersleben auf.

Schon als junger Mann schrieb er kleine Gedichte. Einige wurden von seinem Jugendfreund Kurt Herbst sehr schön vertont und werden in der Familie und beim Schwarzwaldverein heute noch gesungen. Mein Vater zeichnete und malte auch und traf sich außerdem mit Freunden, um gemeinsam zu singen.

Als einer der ersten übersiedelte er mit meiner Mutter und mir 1940 in die neue Stadt Wolfsburg, damals „Stadt des K-d-F-Wagens" genannt, um ein Geschäft mit Blumen und Obst zu eröffnen.

Gleich darauf wurde er zum Militärdienst eingezogen und kam erst im Jahre 1949 aus amerikanischer Gefangenschaft wieder nach Hause. Nach seiner Heimkehr war es ihm möglich, seine Geschäfte in Wolfsburg wieder aufzunehmen, dank der Hilfe seiner Frau Martha, die über die Kriegsjahre den Betrieb hatte aufrechterhalten können. Seine Firma für Landschaftsgartenbau entstand bald nach seiner Rückkehr und da in Wolfsburg und Umgebung großer Bedarf an Wohnungen herrschte, wurde von der Stadt und dem Volkswagenwerk viel gebaut. Meinem Vater gelang es, einige große Landschaftsgartenbau-Aufträge zu bekommen und bald schon musste er Leute einstellen und sogar Arbeiter aus Italien kommen lassen. Viele Parks und Anlagen wurden von seiner Firma angelegt, so z. B. die Anlagen am Schillerteich, um nur eine zu nennen.

Mein Vater war Zeit seines Lebens ein großer Natur- und Tierfreund. Nichts konnte ihn mehr erfreuen als eine Fahrt durch die Heide. Er war humorvoll und hilfsbereit und immer wieder fielen ihm neue Gedichte und Geschichten aus seiner Kindheit ein, von denen einige in diesem Band wiedergegeben werden.

Bis zu seinem Lebensende wohnte er in seinem Haus in Fallersleben.

In seinem Nachlass fand ich viele weitere handgeschriebene Gedichte, die vielleicht zu einem späteren Zeitpunkt veröffentlicht werden können. Seit meiner Rückkehr aus den USA lebe ich im Vogelsberg in Hessen. Hier habe ich Atelier und Werkstatt, wo meine Bilder und Radierungen entstehen - ein geistiges Erbe meines verehrten Vaters.